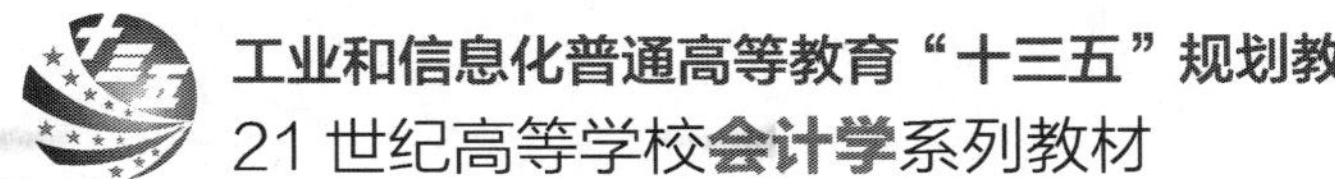

ERP SAND TABLE SIMULATION TRAINING TUTORIAL

ERP沙盘模拟实训指导教程

第3版

◆ 高楚云 何万能 编著

人 民 邮 电 出 版 社
北 京

图书在版编目（CIP）数据

ERP沙盘模拟实训指导教程 / 高楚云，何万能编著
. -- 3版. -- 北京 : 人民邮电出版社，2017.11（2020.9 重印）
21世纪高等学校会计学系列教材
ISBN 978-7-115-47084-3

Ⅰ. ①E… Ⅱ. ①高… ②何… Ⅲ. ①企业管理－计算机管理系统－高等学校－教材 Ⅳ. ①F270.7

中国版本图书馆CIP数据核字(2017)第251990号

内容提要

本书以用友 ERP 沙盘最新配套系统——商战实践平台系统（V5.0）为基础，系统地讲解了 ERP 物理沙盘和电子沙盘的相关知识。全书共 6 章，第 1 章～第 3 章在介绍 ERP 沙盘模拟的起源与意义的基础上，着重介绍了物理沙盘的规则及实物盘面的摆放、教学组织和管理及实战体会；第 4 章是模拟 1 个企业 6 年的经营过程；第 5 章是用友 ERP 沙盘最新配套系统的运用；第 6 章是用友 ERP 沙盘模拟实训总结。

本书既可以作为高等院校及高职高专院校财经类专业企业经营沙盘的实训教材，也可以作为电子或手工沙盘的培训用书。

◆ 编　　著　高楚云　何万能
　责任编辑　李育民
　责任印制　焦志炜
◆ 人民邮电出版社出版发行　　北京市丰台区成寿寺路 11 号
　邮编　100164　　电子邮件　315@ptpress.com.cn
　网址　http://www.ptpress.com.cn
　北京七彩京通数码快印有限公司印刷
◆ 开本：787×1092　1/16
　印张：10.25　　　　2017 年 11 月第 3 版
　字数：237 千字　　　2020 年 9 月北京第 5 次印刷

定价：29.80 元

读者服务热线：(010)81055256　印装质量热线：(010)81055316
反盗版热线：(010)81055315
广告经营许可证：京东市监广登字 20170147 号

前 言 Foreword

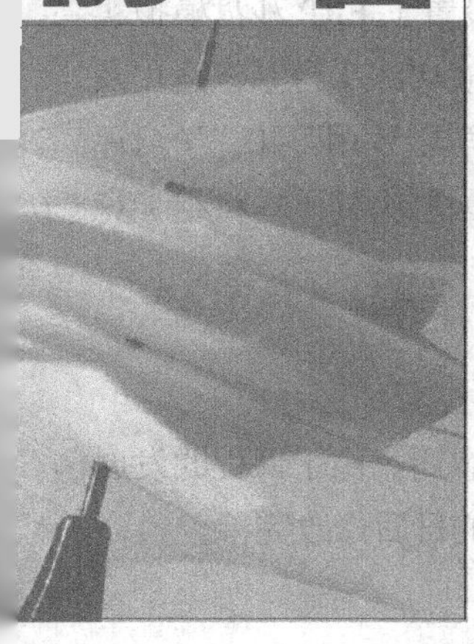

“ERP 沙盘模拟实训”是高等院校和职业院校财经类专业普遍开设的一门企业经营管理的实训课程。目的是培养学生的社会能力，包括会计职业道德修养、自我学习能力、交流沟通能力、团队协作能力、灵活应变能力、制订工作计划能力、控制工作过程能力。

沙盘模拟教学已陆续被全国各高等院校和职业院校接受并引进，其形式新颖、逼真，全面地展现了管理的流程和理念，同时具备高度的趣味性和竞争性。沙盘模拟的核心内容就是构造模拟的市场环境，将学生分成若干个团队，并各自经营一个仿真的企业，从事若干年度的经营活动。学生需综合运用战略、市场、财务、生产及物流等知识，解决企业经营中遇到的各种问题。沙盘模拟教学既能让学生全面学习并掌握经济管理知识，从而了解企业经营的本质，又可以充分调动学生学习的主动性，同时，还能让学生身临其境，在失败和成功中体验低成本“建构”专业知识，提升自身的综合素质与能力。

根据全国高等院校和职业院校沙盘模拟企业经营大赛规则，本书内容体现“以就业为导向，以学生为主体”的原则，注重“理论知识+实践技能”的培养，注意反映会计领域的新知识、新技术，总体设计体现“理实一体化”的编写模式。

（1）本书精心整合理论知识，合理安排知识点、技能点，注重实训教学，突出对学生实际操作能力和解决问题能力的培养，强化上岗前培训，突出讲、学、练一体的思想，充分体现以学生为主体，教师引导、指导的作用。

（2）本书贯彻“理实一体化”的教学思想，将“任务”贯穿于教学的始终，通过活动来培养学生的技能。除常规意义上的实训环节外，本书还设计了参观、调研、网络搜索、讨论、总结陈述等环节，以培养学生的观察、协作、思考、团队协作能力。

（3）本书以一个企业的经营环境为基础，提供了物理与电子沙盘两种操作方法，让学生从物理和电子两个方面对企业经营管理过程进行对比分析，明白企业经营管理的真谛。

（4）本书注重学生学习实践过程的评价，改变以往期末试卷判分的评价方式，在每章最后的学习评价中，给出了明确详细的评价标准，并将职业素养、工作习惯、团队协作精神等纳入考核，从而体现对学生专业技能和综合素质的培养。

（5）本书注意典型经济活动案例与知识点的链接，注意在专业教学中渗透职业素养教育，培养学生“重诚信、能吃苦、善沟通、精核算、会管理”的职业素养和品质，树立环保、节能、安全意识，为发展职业能力奠定良好的基础。

本书以用友ERP沙盘最新配套系统商战实践平台系统V5.0为载体，设置了ERP沙盘模拟实训简介、认识ERP模拟企业、ERP沙盘模拟规则、ERP沙盘模拟实战、商战实践平台系统运用及用友ERP沙盘模拟实训总结共6章，每章均设“能力目标”“工作任务”“学以致用”和“学习评价”等栏目；并附有第十二届全国大学生“新道杯”沙盘模拟经营大赛全国总决赛（本科组）竞赛规则。

本书内容可安排30学时。

本书由高楚云、何万能编著。

本书在编写过程中参考了一些相关著作，在此一并向这些著作者表示感谢。由于课程的发展日新月异，加之编者水平有限，书中不足之处恳请读者批评指正，以期我们日后修改完善。

编者

2017年10月

目 录 Contents

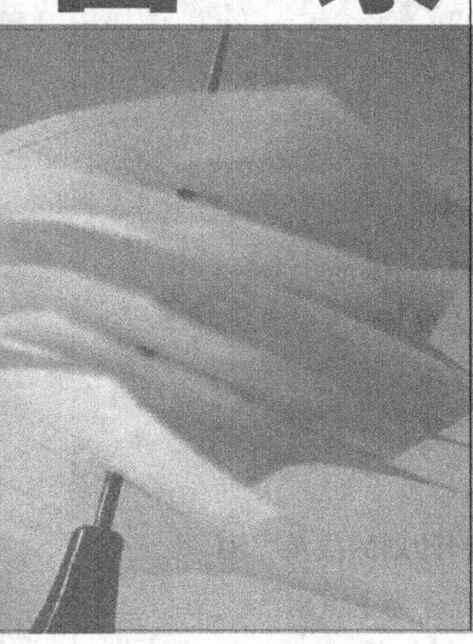

第1章 ERP 沙盘模拟实训简介

能力目标

掌握ERP沙盘岗位分工与岗位职责。

工作任务

1. 讨论确定ERP沙盘实训的时间安排。
2. 讨论确定小组人员岗位分工与岗位职责。
3. 讨论确定企业生产经营流程及各岗位业务办理流程。

1.1 ERP 沙盘认知

“只有懂得规则，才能游刃有余。只有认真对待，才能有所收获。”在进行 ERP 沙盘实训前必须了解其内涵。

1.1.1 ERP沙盘的由来

“沙盘”一词，起源于战争模拟推演。在敌我双方开始战役之前，许多指挥员都模拟战场的地形、地貌，制作一个与之完全一样的沙盘模型，他们在这个模型上进行战略部署，包括兵力部署、火力部署、防御部署和进攻部署等。在现实生活中，房地产开发商制作小区规划布局展示沙盘，清晰地模拟了真实的地形、地貌或小区格局，以利于房屋销售。

商场如战场，一个企业的经营管理要比作战指挥复杂得多，如果只凭借想象去描绘企业如何管理，无疑是“空穴来风”。而如果仅仅在每门课程中展现企业的一个局部现状，也会让学习者感到“只见树木，不见森林”。把一个企业各个部门的运作，提炼成一个实物模拟，这对财经类专业的学习者来说，无疑可以避免前面的缺憾，这就是企业经营模拟沙盘的由来。

ERP 沙盘模拟演练自 1978 年被瑞典工学院的克劳斯梅兰（Klas Mellan）开发之后，迅速风靡全球。21 世纪，用友、金蝶等软件公司相继开发了 ERP 沙盘模拟演练的教学版，各财经类高校纷纷开设此课程，并取得了良好的效果。

1.1.2 ERP沙盘模拟实训的意义

“ERP 沙盘模拟”就是将实物沙盘和 ERP 管理理念相结合，通过构建仿真企业环境，采用现代管理技术手段——ERP 来实现模拟企业真实经营，将角色体验、案例分析和专家诊断融于一体，让学生站在最高层领导的位置上来分析、处理企业面对的战略规划、资金筹集、市场营销、产品研发、生产组织、物资采购、设备投资与改造、财务核算与管理等一系列问题，亲自体验企业经营过程中的“酸、甜、苦、辣”，把企业运营所处的内外部环境抽象为一系列的规则。

ERP 沙盘模拟实训不同于传统的课堂授课的方式，运用独特直观的教具，模拟企业真实的内部经营环境与外部竞争环境，结合角色扮演、情景模拟、教师点评，使学生在虚拟的市场竞争环境中，真实经历数年的企业经营管理过程，运筹帷幄，决战商场。ERP 沙盘模拟实训一经推出，就以独特新颖的实训模式、深刻实用的实训效果受到中外企业、著名高校的青睐。目前 ERP 沙盘模拟实训已经成为世界 500 强中大多数企业的中高层管理人员管理培训的首选课程。

ERP 沙盘模拟实训将企业的主要流程缩小在整张沙盘上。企业的物流：下原料订单、原料入库、组织生产、接订单销售；企业的资金流：现金、贷款、应收账款、人工成本、设备维修、固定资产折旧等制造费用支出，广告投入、市场开拓、产品研发、ISO 认证等管理费用支出等；企业的信息流：市场预测分析、竞争环境、竞争对手经营情况分析等。

在 ERP 沙盘模拟实训中，5～8 位学生分成 1 组，共分为 6～12 个小组，每个小组代表 1 个企业。

每个小组都拥有等同的资金、设备和固定资产。通过用现金为企业做广告，从市场上赢得订单，用现金购买原材料入库和新生产线，投入生产，完工交货，从客户手中获得现金，用现金开发新的产品和新的市场，用现金支付员工工资、税收等。当资金短缺时可向银行申请贷款或变卖固定资产。经过 6 年的经营，最终根据每个企业的所有者权益多少评出优胜企业。

ERP 沙盘模拟实训，突破了传统的管理实训课程的局限性，让学生通过模拟企业运行状况，在制订战略、分析市场、组织生产、整体营销和财务结算等一系列活动中体会企业经营运作的全过程，认识到企业资源的有限性，在各种决策的成功和失败的体验中，学习、巩固和融会贯通各种管理知识，掌握管理技巧，从而深刻理解 ERP 的管理思想，领悟科学的管理规律，提升管理能力。

1.2 ERP 沙盘模拟实训安排

规则的学习虽然枯燥，但却是必需的。为使本次实训取得预期效果，在指导老师的组织下，全体学生讨论并确定实训的目的与任务、实训方式、时间安排与实训要求等内容，从而明确 ERP 沙盘实训的真谛。

ERP 沙盘模拟实训作为一种体验式的教学方式，是继传统教学及案例教学之后的一种教学创新，学生在“做”的过程中领悟企业高层管理者所应掌握的“意会性知识”，可以强化学员的管理知识、训练管理技能、全面提高学员的综合素质。沙盘模拟教学融理论与实践于一体、集角色扮演与岗位体验于一身，可以使学员在参与、体验中完成从知识到技能的转化。

1.2.1 教学目标

1. 拓展知识体系，提升管理技能

ERP 沙盘模拟实训是对企业经营管理的全方位展现。通过学习，受训者可以在以下几个方面获益。

（1）全方位认知企业。了解企业的组织机构设置、各管理机构的职能和工作内容，对未来的职业方向建立基本认识。了解企业管理体系和业务流程，理解资金流、物流和信息流的协同过程。

（2）战略管理。成功的企业一定有着明确的企业战略。从最初的战略制订到最后的战略目标达成分析，连续 6 年的企业运作，经过踏上征程、感性经营、理性经营、全成本核算、科学管理、人力资源管理、全面信息化等阶段的训练，受训者将学会用战略的眼光看待企业的业务和经营，保证业务与战略的一致，在未来的工作中更多地获取战略性成功而非机会性成功。

（3）营销管理。通过几年的模拟竞争，受训者将学会如何分析市场、关注竞争对手、把握消费者需求、制订营销战略、准确定位目标市场，制订并有效实施销售计划。

（4）生产管理。在企业经营过程中，受训者将深刻感受生产与销售、采购的密切关系，理解生产组织与技术创新的重要性。

（5）财务管理。受训者将清楚地掌握资产负债表、利润表的结构，通过财务报告、财务分析解读企业经营的全局，细化核算支持决策；掌握资本流转如何影响损益；理解“现金流”的重要性，学会资金预算，以较好的方式筹资，控制融资成本，提高资金使用效率。

（6）人力资源管理。在企业经营过程中，模拟经营团队经过初期组建、短暂磨合，逐渐形成团队默契，完全进行协作状态，将深刻理解局部最优不等于总体最优，学会换位思考，提升团队协作精神。

（7）基于信息管理的思维方式。通过 ERP 沙盘模拟实训，受训者将真切体会到构建企业信息系统的紧迫性，感受到企业信息化的实施过程的关键点，为企业信息化做好观念和能力上的铺垫。

2. 全面提升受训者的综合素质

（1）树立共赢理念。寻求与合作伙伴之间的双赢、共赢才是企业发展的长久之道。这就要求企业知彼知己，在市场分析、竞争对手分析上做足文章，在竞争中寻求合作，企业才会有无限的发展机遇。

（2）全局观念与团队合作。受训者将深刻领会到团队协作精神的重要性。在这里，每一个角色都要以企业总体最优为出发点，各司其职，相互协作，才能赢得竞争，实现目标。

（3）保持诚信。诚信是一个企业的立足之本，发展之本。在经营过程中，诚信主要体现在对“经营规则”的遵守，如市场竞争规则、产能计算规则等。保持诚信是学习者立足社会，发展自我的基本素质。

（4）个性与职业定位。个性在 ERP 沙盘模拟对抗中会显露无遗。在分组对抗中，有的组轰轰烈烈烈，有的组稳扎稳打，有的组则不知所措。

（5）感性人生。在市场的残酷与企业经营风险面前，是“轻言放弃”还是“坚持到底”，这不仅是一个企业可能面临的问题，更是人生中需要不断抉择的问题，经营自己的人生与经营一个企业具有一定的相通性。

（6）实现从感性到理性的飞跃。在ERP沙盘模拟实训中，学员经历了一个从理论到实践再到理论的上升过程，把自己亲身经历的宝贵实践经验转化为全面的理论模型。学员借助ERP沙盘推演自己的企业经营管理思路，每一次基于现场的案例分析及基于数据分析的企业诊断，都会受益匪浅，达到磨炼商业决策敏感度，提升决策能力及长期规划能力的目的。

1.2.2 实训教学任务、方式与时间安排

1. 实训教学任务

（1）了解企业与企业的组织架构、各管理机构的职责和工作内容，对未来的职业方向建立基本认知，认清沙盘模拟与真实企业之间的关系与区别。通过模拟企业经营，了解企业经营管理体系和业务流程，理解物流、资金流、信息流的协同过程。

（2）熟练掌握沙盘运营规则及竞赛规则。

（3）了解模拟企业各角色的任务和作用。从岗位分工、职业定义、沟通协作、工作流程到绩效评价，深刻认识所担任角色的作用和任务，并理解局部最优不等于总体最优，学会换位思考，努力争取模拟企业经营取得最大利润。

（4）按照企业运行流程，履行所担负的职责。学会用战略的眼光看待企业的业务和经营；学会如何分析市场、关注竞争对手、把握消费需求、制订营销战略、准备定位目标；深刻认识生产与销售、采购的密切关系，理解生产组织与技术创新的重要性；掌握资产负债表和利润表的结构，理解“现金流”的重要性，细化核算支持决策。

（5）做好实训总结，取得最大的收获。

（6）全面提高学生的综合素质。树立共赢理念、全局观念与团体协作理念，保持诚信，感悟人生，激发学生学习专业课的兴趣，使其理论联系实际并学以致用。

2. 实训方式

（1）主要方式是根据学生人数的多少，将学生分成6～12组，组成6～12个企业的管理团队，利用沙盘模拟企业经营，进行直接竞赛对抗。每个学生在模拟企业中都将担任一定的职责。

（2）总结交流。分为模拟企业内部总结和6～12个竞争企业之间的交流总结。

3. 时间安排

本实训主要分为4个阶段，各阶段安排建议如下。

第一阶段：实训动员和规则介绍。一般安排在周一上午举行，主要是实训动员和介绍学习第1章的主要内容，使学生掌握竞赛规则和企业运行流程。

第二阶段：模拟企业经营竞赛。一般从周一下午开始到周四上午结束，按照竞赛规则在指导教

师的监控下，学生分别用手工和电子两种方式进行 6 年的沙盘模拟企业经营竞赛。

第三阶段：撰写实习报告和模拟企业内部总结。一般安排在周四下午进行，由每个学生按照实训总结报告的要求撰写，并进行模拟企业内部总结。

第四阶段：实训总结与交流。一般安排在周五上午进行，由各模拟企业派代表做总结陈述，总结模拟企业经营的成败与得失；由指导教师做必要的点评与指导，鼓励个别学生发言，谈感受和体验。

1.2.3 实训要求与组织管理

1. 实训要求

（1）每个学生参与所有的实训流程，并承担一个具体的工作岗位。

（2）实训前要明确实训目的、内容和相关要求，确保实训效果。

（3）树立端正的实训态度和良好的团队协作精神。

（4）注意人身和财物安全。

（5）遵守实训纪律，保证按时出勤并完成相关任务；遵守国家法律、法规，遵守实训教室的相关规定，听从安排。

（6）做好实训记录，记好实训日记，为撰写实训报告做好准备。

（7）认真撰写个人实训报告和模拟企业实训报告，字数分别不少于 1 000 字和 2 000 字。模拟企业实训报告，并与该模拟企业 CEO 的个人实训报告合一。

2. 组织管理

（1）学生的分组由指导教师根据实际情况掌握。

（2）角色的分工由各团队自行协商产生。

（3）在实训期间，担任各个模拟企业 CEO 的学生应管理好各自企业的人员。

3. 实训条件

ERP 沙盘实训场地应满足手工沙盘和电子沙盘两种实训环境的基本要求。每个实训室配备网络打印机 1 台、教师用计算机 1 台、多媒体投影仪 1 套、电子教学软件 1 套、学生计算机若干。在实训室内布置模拟企业的生产工艺流程图、市场调研分析图、ERP 沙盘岗位设置及职责图示等。

4. 教师与学员在模拟中的角色分工

在沙盘模拟的各个不同阶段，结合具体任务，教师与学员扮演着不同的角色，如表 1-1 所示。

表 1-1 课程不同阶段教师与学生角色

课程阶段	具体任务	教师角色	学生角色
组织准备工作		引导者	认领角色
基本情况描述		企业旧任管理层	新任管理层

续表

课程阶段	具体任务	教师角色	学生角色
企业运营规则		企业旧任管理层	新任管理层
初始状态设定		引导者	新任管理层
企业经营竞争模拟	战略制订	商务、媒体信息发布	角色扮演
	融资	股东、银行家、高行贷者	角色扮演
	订单争取、交货	客户	角色扮演
	购买原料、下订单	供应商	角色扮演
	流程监督	审计	角色扮演
	规则确认	咨询顾问	角色扮演
现场案例解析		评论家、分析家	角色扮演

1.2.4 课程学习评价

本课程考核采用“综合评分法”，对学生学习情况进行考核。该方法包括操作规范和职业素养考核、作品考核两个方面，总分为 100 分，其中，操作规范和职业素养考核占 20%，作品考核占 80%。

1. 操作规范和职业素养

操作规范和职业素养考核主要从出勤情况、工作态度、工作质量、工作效率、沟通能力、团队协作等方面进行，注重实训小组的组织管理。其中，出勤考核占 30%，工作质量考核占 50%，沟通协作考核占 10%，态度、效率考核占 10%（见表 1-2）。具体考核时对每章中的工作任务分别进行评价，由小组互评（占 40%）和教师评价（占 60%）两部分组成。

表 1-2　操作规范和职业素养考核方案

序号	考核内容	考核标准	考核方式	分值比例
1	出勤	迟到、早退一次扣分 0.5 分，旷课一次扣 1 分； 课堂与课外的学习积极性由教师酌情加分	考勤	30%
2	工作质量	实训过程的正确性、规范性及是否通过专业知识形成职业判断，完成实训任务，符合《会计基础工作规范》	课堂点名答问； 课堂情况实施记录	50%
3	沟通协作	是否与小组成员保持良好的合作关系，是否具有良好的沟通表达能力及是否主动协助下一工序人员完成实训任务	课堂情况实施记录	10%
4	态度、效率	实训任务完成的及时性、工作的主动性	课堂情况实施记录	10%

2. 作品考核

作品考核主要包括学生提交的企业生产运营档案资料、小组汇报及实训报告 3 部分组成，分别占 60%、20%和 20%。

（1）企业生产运营档案资料分为小组提交的记录表和最终盈利情况资料。

（2）小组汇报主要包括小组实训人员分工、岗位职责、小组管理制度、团队协作情况、工作任务和工作计划、工作程序和步骤、工作成果、取得的经验与教训等。

（3）实训报告主要包括实训项目描述、主要任务、业务流程、岗位职责、每天实训记录及实训后个人总结。

1.3 ERP 沙盘模拟内容

将学生分组，进行各个角色分工，并理解岗位职责和企业的运营流程，认知企业的组织结构。

1.3.1 组建团队

每个班级组成若干管理团队，每个组员都担任模拟企业的一个重要职位。在沙盘对抗演练中，每个小组代表一个企业，在运营过程中，团队协作是必不可少的。高效的团队是每个组织或企业都希望打造和拥有的。一个高绩效的团队，应具有以下特征。

1. 清晰的目标

高效的团队对要达到的目标要有清楚的了解，坚信这一目标包含着重大的意义和价值，并且这种目标的重要性还激励着团队成员把个人目标升华到群体目标中去。在有效的团队中，成员愿意为团队目标做出承诺，清楚地知道他们应该做什么，以及他们如何协作才能最后完成任务。

2. 相关的技能

高效的团队是由一群有能力的成员组成的。他们具备实现理想目标所必需的技术和能力，而且有相互之间能够良好合作的个性品质，从而能够出色地完成任务。

3. 高度的忠诚和认真的承诺

团队成员对团队表现出高度的忠诚并做出认真的承诺，个人以身为团队的一分子为荣，个人受到鼓舞并拥有自信、自尊；组员以自己的工作为荣，并有成就感与满足感；有强烈的向心力和团队精神。为了能使群体获得成功，他们愿意去做任何事情。每一个人都具有充分活力，愿意为目标全力以赴，觉得工作非常有意义，可以学习成长，不断进步。

4. 相互的信任和良好的沟通

成员间相互信任和良好沟通是有效团队的显著特征，每个成员对其他人的行为和能力都深信不疑，并能通过畅通的渠道交换信息，包括各种言语和非言语信息。此外，管理层与团队成员之间健康的信息反馈也是良好沟通的重要特征，有助于管理者指导团队成员的行动，消除误解。高效团队中的成员能迅速、准确地了解对方的想法和情感。

5. 适当的团队领导人

在一个想取得成功的企业里，高瞻远瞩、务实高效的领导人是不可缺少的。这样的团队领导人能促进团队任务的达成与人员情感的凝聚，能在不同的情境做出恰当的决策。

6. 具有一个和谐的人文环境

和谐的人文环境是文化氛围、正能量氛围、创新氛围、创业氛围、成功氛围、激励氛围、信任氛围等的综合。成员之间真诚地相互赞赏，是帮助团队成长和前行的动力。

1.3.2 人员分工

根据小组成员的个性特征，讨论确定每个人的岗位和职能，做出人员分工。

任何一个企业在创建之初都要建立与其企业类型相适应的组织结构。ERP企业经营沙盘模拟实训课程采用了简化企业组织结构的方式，管理层由首席执行官（CEO）、首席运营官（COO）、财务总监（CFO）、市场总监（CMO）、生产总监、采购总监（CPO）、人力资源总监和商业情报人员等组成。

1. 首席执行官、总经理（CEO）岗位认知

（1）CEO主要职责：企业战略、运营执行、协调与控制、知人善任，负责填制经营过程控制/监督表。

（2）CEO一般职责：负责制订和实施公司总体战略与年度经营计划；建立和健全公司的管理体系与组织结构，从结构、流程、人员、激励4个方面着手优化管理，实现管理的新跨越；主持公司的日常经营管理工作，实现公司经营管理目标和发展目标。

（3）沙盘实训中CEO职责：省略了股东会和董事会，企业所有的重要决策均由CEO带领团队成员共同决定。CEO是总顾问（指导老师）和职位人员的联络员，是团队的各项工作的组织者和领导者。

CEO综合小组各个角色提供的信息，决定本企业中每件事是做还是不做，对每件事的决策及整体运营负责。

2. 首席运营官（COO）岗位认知

（1）COO主要职责：产品研发管理、平衡生产能力、质量体系认证、生产车间管理、固定资产投资、成品库存管理、编制生产计划、产品外协管理。

（2）COO一般职责：在实际企业中，COO是个重要的角色，负责组织协调企业的日常运营活动。

（3）沙盘实训COO职责：COO协助CEO控制企业按流程运行，起着盘面运行监督的作用。在学生人数较少时可不设。

3. 财务总监（CFO）岗位认知

CFO主要职责：企业资金的预测、筹集、调度与监控；日常财务记账和登账、报税、提供财务报告；按需求支付各项费用，核算成本，做好财务分析；保证各部门有足够的资金支撑。

负责填制经营过程记录表、财务报表、现金预算表、订单登记表、产品销售核算统计表、综合管理费用明细表。

在学生人数允许时，建议增设主管会计（财务总监助理）一职，并由其分担会计职能。

注意 资金闲置是浪费，资金不足会破产，二者之间应寻求一个有效的平衡点。

4. 市场总监（CMO）岗位认知

市场总监主要负责需求分析和销售预测，确定市场进入策略、产品开发策略和广告宣传策略，寻求最优市场，确定销售部门目标体系；制订销售计划和销售预算；管理客户、按时发货、确保货款及时回笼；分析销售绩效，透彻地了解市场并保证订单的交付。

负责填制经营过程记录表、公司广告报价单、市场销售核算统计表、组间交易明细表。

市场总监还可以兼任商业间谍的角色，监控竞争对手，比如对手正在开拓哪些市场，未涉足哪些市场，拥有哪类生产线，生产能力如何等。

5. 生产总监岗位认知

生产总监主要负责产品研发管理、管理体系认证、固定资产投资、编制生产计划、平衡生产能力、管理生产车间、保证产品质量、管理成品库存、管理产品外协等。

负责填制经营过程记录表、生产计划及原料订购计划。

在本实训中，生产能力往往是制约企业发展的重要因素，因此，生产总监要有计划地扩大生产能力，以满足市场竞争的需要；同时，提供季度产能数，为企业决策和运营提供依据。

6. 采购总监（CPO）岗位认知

采购总监主要负责原料的及时采购和安全管理；负责编制并实施采购供应计划、与供应商签订供货合同、按期采购原材料并向供应商付款、管理原料库等具体工作，确保在合适的时间点采购合适品种及数量的原材料，以保证正常生产。

负责填制经营过程记录表、公司采购登记表。

7. 人力资源总监岗位认知

人力资源总监主要负责企业的人力资源管理工作，包括企业组织架构设计、岗位职责确定、薪酬体系安排、人员招聘及考核组织等工作。

负责填制成员出勤情况表、经营过程考核记录。

通过对每个学生的参与度及贡献度进行考评，由 CEO 最终做出的组内排名可以作为学生实训成绩评定的重要依据之一。

8. 商业情报人员岗位认知

商业情报工作在现代商业竞争中有着非常重要的作用，不容小觑。在学生人数较少时，此项工作可由市场总监承担；在人数较多时，可设专人协助市场总监来负责此项工作。

9. 其他角色岗位认知

在学生人数较多时，可适当增加财务助理、CEO 助理、营销助理、生产助理等辅助角色，特别是财务助理很值得设立。为使这些辅助角色不被边缘化，应尽可能明确其所承担的职责和具体任务。

1.3.3 公司命名

确定人员分工后，由 CEO 召集本企业所有员工召开第一次会议——为公司命名。出色的公司名称是能直接体现公司意向的，要选择吸引客户眼球的公司名称，让客户可以理解到你所销售的产品和服务。

1.3.4 企业调研

企业经营者接手一个企业时，需要对企业有一个基本了解，包括股东愿景、企业目前财务状况、市场占有率、产品、生产设施、盈利能力等。

1.3.5 学习规则

要想在一个开放的市场环境中生存，企业经营者必须了解企业之间的竞争所遵循的一定规则。

1.3.6 企业运营

新管理层接手企业需要有一个适应阶段。在 ERP 沙盘模拟实训中设计了起始年。企业选定接班人之后，原有管理层总要“扶上马，送一程”。起始年决策仍决定于原有管理层，继续保守经营，不投资新产品研发，不购置固定资产，不尝试新的融资，只维持原有的生产规模。

公司的运营流程，如图 1-1 所示。

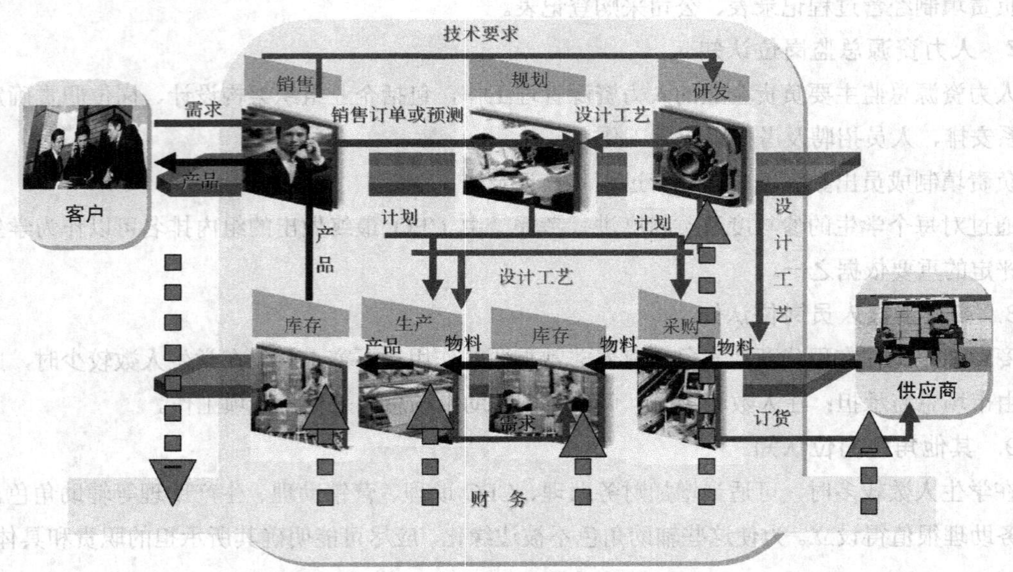

图 1-1 公司的运营流程

企业模拟经营时各项工作需要遵守相应的执行顺序，分为年初 5 项工作、年中 19 项工作、年末 6 项工作以及 4 项特殊工作。

1. 年初 5 项工作

（1）战略规划与预算。新一年开始，新的管理层要制订企业战略，做出经营规划、设备投资规划、产品研发方案、市场开拓计划等。

（2）参加订货会/登记销售订单。

（3）支付广告费。

（4）制订新年度计划。

（5）支付应付税金。

2. 年中 19 项工作

（1）季初盘点（填写数量）。

（2）更新短期贷款/还本付息/申请短期贷款。

（3）更新应付款，归还应付款。

（4）原材料入库/更新原料订单。

（5）登记原料订单。

（6）更新生产/完工入库。

（7）向其他企业购买/出售材料。

（8）投资新生产线/变卖生产线/生产线转产。

（9）开始下一批生产。

（10）更新应收款/应收款贴现。

（11）出售厂房。

（12）向其他企业购买成品/出售成品。

（13）按订单交货。

（14）产品研发投资。

（15）支付行政管理费。

（16）其他现金收支情况登记。

（17）现金收入合计。

（18）现金支付合计。

（19）期末现金对账。

以上各项工作每个季度都要执行。

3. 年末 6 项工作

（1）支付利息/更新长期贷款/申请长期贷款。

（2）支付设备维护费。

（3）支付租金/购买厂房。

（4）计提折旧。

（5）新市场开拓/ISO 资格认证投资。

（6）结账。

4．4项特殊工作（随时可以进行）

（1）紧急采购。如果下一批原料不够，而又需要当期使用，则可以用成本价两倍的现金采购原料；按订单交货时发现产成品库存不足，可以直接用成本价3倍的现金采购。

（2）出售库存。一旦现金断流，可按8折出售产成品、原料。

（3）贴现。

（4）厂房贴现。

学以致用

1．组建团队

你们也许来自一个集体或来自四面八方，相聚就是缘分，未来一周你们将是战友，试用表1-3记录你们每个人在模拟企业中的角色及联系方式。

表1-3　　记录模拟团队的分工情况

模拟角色	姓名	工作单位	联系方式	个人爱好
首席执行官				
首席运营官				
财务总监				
市场总监				
生产总监				
采购总监				
……				

2．理解模拟

模拟企业的生产运营流程，解释图1-1中物流、资金流、信息流的流动过程。

学习评价

评价分质评和量评两种方式。首先，由组长组织进行组内成员互相评价；其次，由教师进行点评。小组成员评价和教师评价各占50%，将考核情况填入表1-4和表1-5得分栏目中。

1．职业素养测评表

在□中打√，A通过，B基本通过，C未通过。

表1-4　　职业素养测评表1

职业素养	评估标准	自测结果
自我学习	1．能进行时间管理； 2．能选择适合自己的学习和工作方式； 3．能随时修订计划并进行意外处理； 4．能将已经学到的东西用于新的工作任务	□A　□B　□C □A　□B　□C □A　□B　□C □A　□B　□C

续表

职业素养	评估标准	自测结果
信息处理	1. 能根据不同需要去搜寻、获取并选择信息； 2. 能筛选信息并进行信息分类； 3. 能使用多媒体等手段来展示信息	□A □B □C □A □B □C □A □B □C
工作态度	1. 工作积极主动、认真负责，恪守诚信，追求严谨； 2. 服从组长安排，无旷工，不迟到、不早退，不做与项目无关的事情	□A □B □C □A □B □C
工作效率	保持良好的工作环境，有效利用各种工具，按时、高质量地完成任务	□A □B □C
与人交流、合作	1. 能把握交流的主题、时机和方式； 2. 能理解对方谈话的内容，准确表达自己的观点； 3. 能挖掘合作资源，明确自己在合作中能够起到的作用； 4. 能同合作者进行有效沟通，理解个性差异及文化差异	□A □B □C □A □B □C □A □B □C □A □B □C
解决问题	1. 能说明何时出现问题并指出其主要特征； 2. 能做出解决问题的计划并组织实施计划； 3. 能对解决问题的方法适时做出总结和修改	□A □B □C □A □B □C □A □B □C
革新、创新	1. 能发现事物的不足并提出新的需要； 2. 能创新性地提出改进事物的意见和具体方法； 3. 能从多种方案中选择最佳方案，在现有条件下进行实施	□A □B □C □A □B □C □A □B □C

学生签字：　　　　　　教师签字：　　　　　　20　年　月　日

2. 专业能力测评表

表 1-5　　　　专业能力测评表 1

评价内容	权重	考核点	考核得分		
			小组评价	教师评价	综合得分
职业素养（20 分）	10	资料整洁，摆放整齐			
	10	任务完成后，整齐摆放操作工具及凳子，保持工作台面整洁			
作品（80 分）	80	组建自己的团队，完成规定的任务分工、岗位职责划分等任务			

组长签字：　　　　　　教师签字：　　　　　　20　年　月　日

第2章 认识模拟企业

能力目标

1. 了解企业的基本情况和生产工艺流程。
2. 了解企业内部管理制度。

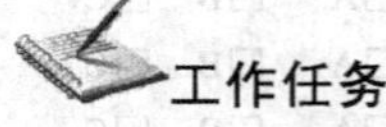

工作任务

1. 了解企业基本情况。
2. 了解企业内部管理制度。

2.1 模拟企业调研

企业运行前必须了解企业具体情况，对即将走马上任的新任领导班子来说，尽可能了解管理对象——模拟企业情况，包括股东愿景、企业目前的财务状况、市场占有率、产品、生产设施、赢利能力等，这对于开展未来管理工作来说是必需的。

企业是市场经济的微观经济主体，是从事商品生产、流通和服务等活动，为满足社会需要和盈利，进行自主经营、自负盈亏，具有法人资格的经济组织。

企业是复杂的，是立体的，企业调研应该如何入手？调研哪些内容才能透视企业全貌？从不同的访谈内容中又该如何提炼关键要素？

企业调研的步骤如图 2-1 所示。

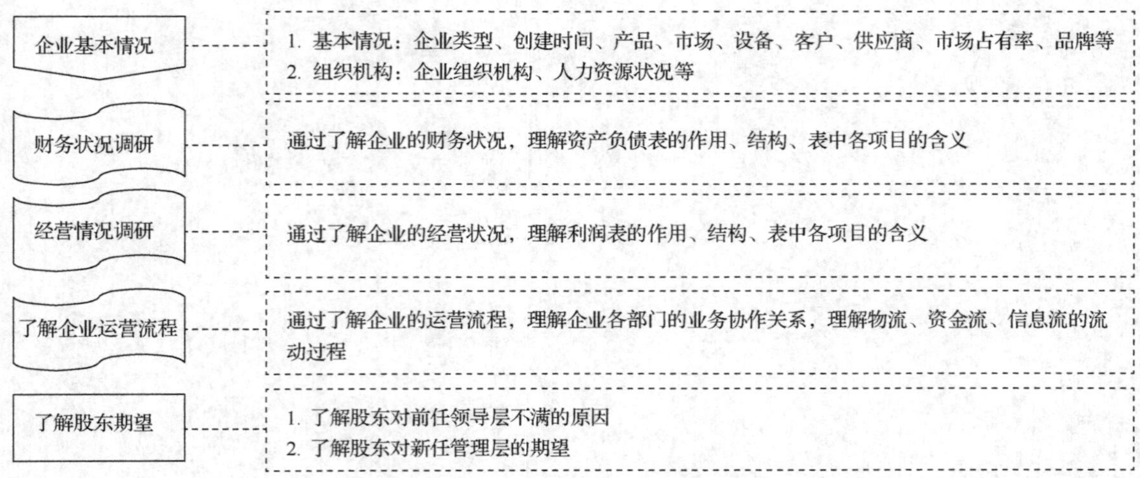

图 2-1 企业调研的步骤

经过 1 小时左右的调研与讨论，学生应对企业基本情况、财务状况、经营情况、企业运营流程、股东期望等方面有一定的了解，具体情况如下。

2.1.1 模拟企业的基本情况与财务状况

1. 模拟企业基本情况

该企业是一个典型的离散制造型企业，创建已有 3 年，长期以来一直专注于某行业 P 系列产品的生产与经营。目前生产的 P1 产品在本地市场知名度很高，客户也很满意。同时，企业拥有自己的厂房，已经安装了 3 条手工生产线和 1 条半自动生产线，运行状态良好。所有生产设备全部生产 P1 产品。

从历年盈利来看，增长已经放缓，上年度盈利仅为 300 万元。生产设备陈旧，产品、市场单一，企业管理层长期以来墨守成规地经营，导致企业已缺乏必要的活力。

该企业目前的组织机构如图 2-2 所示。

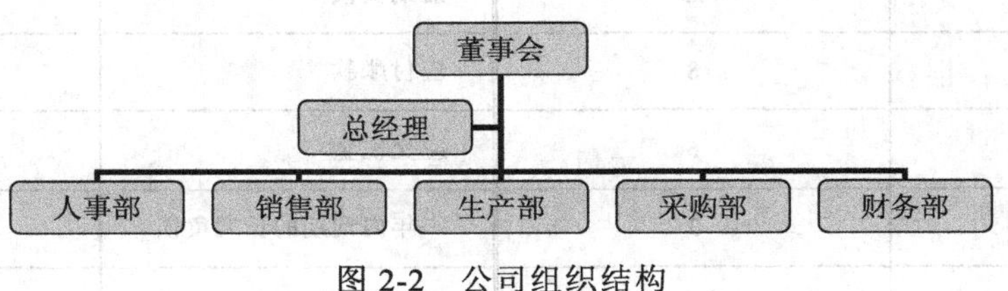

图 2-2 公司组织结构

2. 模拟企业的财务状况

财务状况是指企业资产、负债、所有者权益的构成情况及其相互关系。企业的财务状况由企业提供的主要财务报表——利润表（见表 2-1）和资产负债表（见表 2-2）来表述。

表 2-1 利润表 单位：百万元

项目	金额
销售收入	35
直接成本	12
毛利	23
综合费用	11
折旧前利润	12
折旧	4
支付利息前利润	8
财务收入/支出	4

续表

项目	金额
其他收入/支出	
税前利润	4
所得税	1
净利润	3

表 2-2　资产负债表　单位：百万元

资产	金额	负债所有者权益	金额
流动资产：		负债：	
现金	20	长期负债	40
应收款	15	短期负债	
在制品	8	应付账款	
成品	6	应交税金	1
原料	3	一年内到期的长期负债	
流动资产合计	52	负债合计	41
固定资产：		所有者权益：	
土地和建筑	40	股东资本	50
机器与设备	13	利润留存	11
在建工程		年度净利	3
固定资产合计	53	所有者权益合计	64
资产总计	105	负债和所有者权益合计	105

2.1.2　模拟企业的经营情况

你将接手经营的模拟企业总资产为1.05亿元（模拟货币单位105M，M表示百万元人民币，下同），其中，流动资产52M、固定资产53M、负债41M、所有者权益64M。

1．流动资产52M

（1）现金20M。财务总监领取一桶灰币20M放置于现金库位置（灰币为现金，彩币为原料，下同）。

（2）应收账款 15M。为获得尽可能多的客户，企业一般采用赊销策略。应收账款是分账期的，财务总监领取 15M 灰币放置于应收账款 3 期位置。

（3）在制品 8M。在制品是在生产加工过程中尚未完成入库的产品。大厂房中有 3 条手工生产线、1 条半自动生产线，每条生产线上各有 1 个 P1 产品。手工生产线有 3 个生产周期，靠近原料库的为第 1 周期，3 条生产线上的 3 个 P1 在制品分别位于第 1 周期、第 2 周期、第 3 周期。半自动生产线有两个周期，P1 在制品位于第 1 周期。

每个 P1 产品由两部分组成：R1 原材料 1M 和人工费 1M。由生产总监、采购总监与财务总监配合，将 4 个 P1 在制品摆放到生产线上的相应位置。

（4）成品 6M。P1 成品库有 3 个成品，每个成品同样由 1 个 R1 原材料 1M 和人工费 1M 构成。由生产总监、采购总监与财务总监配合，将 3 个 P1 在制品摆放到生产线上的相应位置。

（5）原料 3M。R1 原料库中有 3 个原材料，每个价值是 1M。由采购总监取得 3 个空桶，每个空桶中分别放置 3 个 R1 原材料，摆放到 R1 原料库。

已向供应商发出采购订货，预订 R1 原料 2 个，由采购总监取得 3 个空桶，放置 R1 原料订单处。

2. 固定资产 53M

（1）大厂房 40M。企业拥有自主厂房价值 40M，财务总监将等值资金用桶装好放置于大厂房位置处。

（2）设备价值 13M。企业创办 3 年来，已拥有 3 条手工生产线和 1 条半自动生产线，尚无在建工程。每条手工生产线账面价值 3M，半自动生产线账面价值 4M，财务总监取出 4 个空桶，分别装入 3M、3M、3M、4M，并分别放置于生产线下“生产线净值”处。

3. 负债 41M

（1）长期负债 40M。企业有 40M 长期借款，分别于长期借款第 4 年和第 5 年到期，各 20M。财务总监取 2 个空桶，分别装入 20M，并置于第 4 年和第 5 年位置。

（2）应付税 1M。企业上一年税前利润 4M，按规定需缴纳 1M 税金。税金是下一年度缴纳，此时没有对应操作。

2.1.3 企业运营流程

该企业的运营流程如图 2-3 所示。

2.1.4 股东期望

从利润表中看出，企业上一年盈利 300 万元，增长已经放缓。生产设备陈旧；产品、市场单一；企业管理层创新能力不足，导致企业已缺乏必要的活力，虽然企业尚能经营，但发展前景堪忧。鉴于此，公司董事会及全体股东决定将企业交给一批优秀的新人去经营，他们希望新的管理层能做到以下几点。

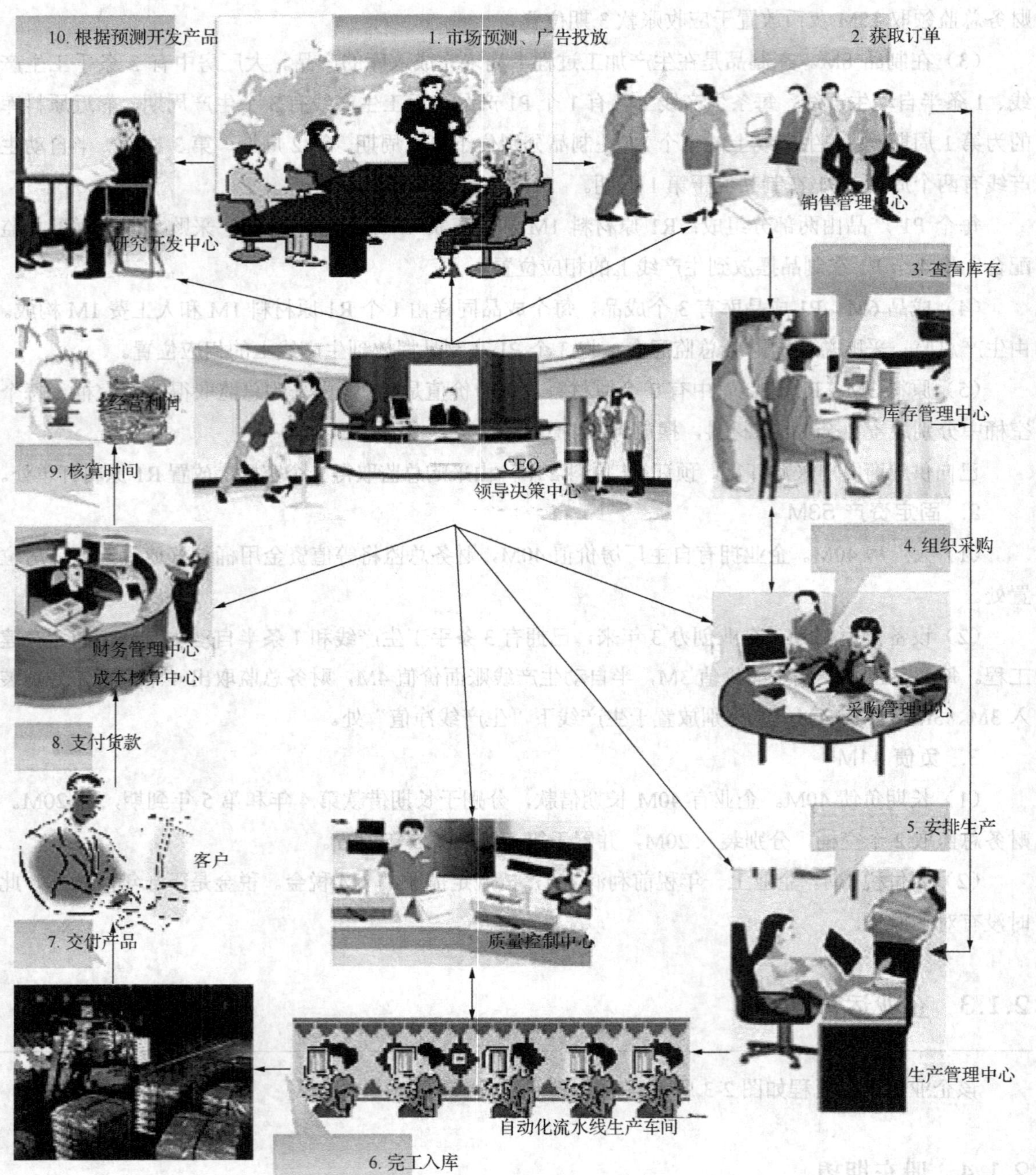

图 2-3　企业运营流程

（1）投资新产品的开发，使公司的市场地位得到进一步提升。

（2）开发本地市场以外的其他新市场，进一步拓展市场领域。

（3）扩大生产规模，采用现代化生产手段，获取更多的利润。

（4）研究在信息时代如何借助先进的管理工具提高企业管理水平。

2.2 企业发展战略规划

企业要在瞬息万变的市场环境里生存和发展，就离不开企业发展战略。学生需在分析市场环境的基础上明确企业发展的战略规划。

企业战略是企业根据其外部环境及企业内部资源和能力状况，为谋求长期生存和稳定发展，为不断获得新的竞争优势，对企业发展目标、达成目标的途径和手段的总体谋划。

一个完整的企业战略规划一般包括外部环境和内部条件分析、战略目标、经营方向、经营策略、战略调整、实施步骤等内容。

2.2.1 外部环境和内部条件分析

外部环境和内部条件分析包括宏观环境分析、行业及竞争环境分析、内部条件分析等。企业要实现其作为资源转换体的职能，就要了解外部环境中哪些会为企业带来机遇，哪些会对企业形成威胁，进而了解企业的资源是否充足、资源配置是否合理，从而达到外部环境和内部条件的动态平衡。只有全面把握企业的优势与劣势，才能使战略不脱离实际。

制订企业战略时一般采用 SWOT（优势、劣势、机会、威胁）分析法，把自己公司和竞争对手公司的优势、劣势、机会和挑战进行比较，然后决定某项新业务或新投资是否可行。

2.2.2 战略目标

战略目标就是确定企业在一个较长时间里要完成什么？这个目标要体现时间限制，可计量，具有总领性和现实可行性。

企业战略目标的内容包括赢利能力、生产效率、市场竞争地位、产品结构、财务状况、企业技术水平、企业建设与发展、社会责任等。

战略目标涉及以下问题。

（1）企业在一个较长的时间要完成什么？

（2）我们要想成为什么样的公司？规模如何？生产产品如何（多品种、少品种）？

（3）我们倾向于何种产品？何种市场？企业竞争的前提是资源有限。在很多情况下，放弃比不计成本地掠取更明智，管理者需要做出决定：有限的资源是投放于重点市场、重点产品，还是全面开花？

（4）市场如何开拓（许多市场，少量市场）？努力成为市场领导者还是市场追随者？

（5）我们计划怎样拓展生产设施？有 4 种生产设施可供企业选择，每种生产设施的购置价格、生产能力、灵活性等属性各不相同，是上手工生产线、柔性生产线，还是半自动生产线、全自动生产线呢？

（6）企业计划采用怎样的融资策略？资金是企业运营的基础。企业融资方式有多种：发行股票、债券、银行借款、应收账款贴现等。每种融资方式的特点及适用性都有所不同，企业在制订战略时应根据企业的发展规划，做好融资规划，以保证企业的正常运营，并控制资金成本。

2.2.3 经营方向与策略

1. 经营方向

经营方向就是明确企业现在可以提供的产品与服务领域，以及未来一定时期内决定进行或退出、决定支持或限制的某些业务领域。

经营方向涉及以下问题。

（1）我们计划生产的产品如何？

（2）市场开拓如何？

（3）我们倾向于何种产品？

（4）何种市场？

2. 经营策略

经营策略就是企业管理层的工作程序和决策规则，它研究和规划企业的经营重点，部署资源，明确企业的主要职能领域。如营销、生产、人力资源、财务等方面的工作方针及相互协调的方法。

2.2.4 战略调整与实施步骤

1. 战略调整

企业战略发展规划并不是一成不变的，而是根据企业内部和外部环境的变化及竞争对手的发展情况而不断做动态的调整。每一年经营下来，都要检验企业战略的实战性，并根据以后年度的市场趋势预测，结合公司自身优势，调整既定的战略。

2. 实施步骤

战略目标是一个中长期的发展目标，在ERP沙盘实训中就是一个6年的发展目标，在实施过程中，外部环境与内部资源条件不是一成不变。分阶段实施战略目标，可以帮助企业对其行为效果做出回顾和评价，即时对战略方案做出适当地调整，从而实现战略目标。

学以致用

1. 测测你的业务敏感度（见表2-3）

有关企业上一年的几个关键指标你还记得吗？

表 2-3 业务敏感度测试

销售收入：	固定资产：	长期负债：
直接成本：		
综合费用：		短期负债：
折旧：	流动资产：	
利息：		股东权益：
税：		其他：
利润：		

2. 记录模拟公司的战略规划

成功的企业一定有着明确的战略，战略是企业发展的罗盘，是企业前进的航标，从你们所记录的战略上可以看出你们对战略是否有足够的认识，你们是否理解战略的含义。

（1）你们想成为什么样的公司？

（2）你们倾向于何种产品？何种市场？将其填于表 2-4 中。

表 2-4 各类产品及其市场

产品	本地	区域	国内	亚洲	国际
P1					
P2					
P3					
P4					

注：P 为产品系列，P1、P2、P3、P4 均为具体产品。

（3）你们计划怎样增加（更新）生产设施？

（4）你们计划采取怎样的融资策略？

学习评价

评价分质评和量评两种方式。首先，由组长组织进行组内成员的互相评价；其次，由教师进行点评。小组成员评价和教师评价各占50%，将考核情况填入表2-5和表2-6得分栏目中。

1. 职业素养测评表

在□中打√，A通过，B基本通过，C未通过。

表2-5　职业素养测评表2

职业素养	评估标准	自测结果
自我学习	1. 能进行时间管理； 2. 能选择适合自己的学习和工作方式； 3. 能随时修订计划并进行意外处理； 4. 能将已经学到的东西用于新的工作任务	□A　□B　□C □A　□B　□C □A　□B　□C □A　□B　□C
信息处理	1. 能根据不同需要去搜寻、获取并选择信息； 2. 能筛选信息，并进行信息分类； 3. 能使用多媒体等手段来展示信息	□A　□B　□C □A　□B　□C □A　□B　□C
工作态度	1. 工作积极主动、认真负责，恪守诚信，追求严谨； 2. 服从组长安排，无旷工，不迟到早退，不做与项目无关的事情	□A　□B　□C □A　□B　□C
工作效率	保持良好的工作环境，有效利用各种工具，按时、高质量地完成任务	□A　□B　□C
与人交流、合作	1. 能把握交流的主题、时机和方式； 2. 能理解对方谈话的内容，准确表达自己的观点； 3. 能挖掘合作资源，明确自己在合作中能够起到的作用； 4. 能同合作者进行有效沟通，理解个性差异及文化差异	□A　□B　□C □A　□B　□C □A　□B　□C □A　□B　□C
解决问题	1. 能说明何时出现问题并指出其主要特征； 2. 能作出解决问题的计划并组织实施计划； 3. 能对解决问题的方法适时作出总结和修改	□A　□B　□C □A　□B　□C □A　□B　□C
革新、创新	1. 能发现事物的不足并提出新的需要； 2. 能创新性地提出改进事物的意见和具体方法； 3. 能从多种方案中选择最佳方案并在现有条件下实施	□A　□B　□C □A　□B　□C □A　□B　□C

学生签字：　　　　教师签字：　　　　20　　年　　月　　日

2. 专业能力测评表

表 2-6 专业能力测评表 2

评价内容	权重	考核点	考核得分		
			小组评价	教师评价	综合得分
职业素养（20分）	10	资料整洁，摆放整齐			
	10	任务完成后，整齐摆放操作工具及凳子，保持工作台面整洁			
作品（80分）	80	完成规定的沙盘模拟经营方案			

组长签字： 教师签字： 20 年 月 日

第3章 ERP 沙盘模拟规则

能力目标

1. 了解模拟市场的基本情况和企业生产工艺流程。
2. 熟悉企业生产经营运行规则。

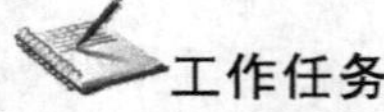

工作任务

1. 了解模拟市场基本情况。
2. 领会企业生产经营运行规则。

3.1 认识 ERP 沙盘盘面

沙盘的盘面就像一个企业的物质基础，相当于公司的现实表现形式，让人一目了然。一个企业的好坏，经营结果都可以在这个盘面上用“物质”表现出来，而不是空洞乏味的数字游戏。

ERP 沙盘盘面共分为 5 大组成部分，如图 3-1 所示。一般包括财务中心、营销与规划中心、物流中心、生产中心、信息中心。

3.1.1 财务中心

财务部在盘面上表现为财务中心和综合费用中心。

财务中心主要包括现金、应收账款、短期贷款（短贷）、长期贷款（长贷）、其他贷款（包括民间个人贷款）、综合费用及应付账款（一般不涉及）。

（1）现金。代表企业现金的灰币，每个现金币代表 100 万元，记为 1M，放在图 3-1 中所示现金位置，用于公司日常运作。此处只能放置由应收账款、贷款和贴现得到的现金，以及销售现金订单所得到的现金收入。

（2）应收账款。企业销售出去的产品很多时候不能及时收回得到现金流入，而是一定的账期。当企业按照销售订单交货时，要根据订单上的账期将销售所得款放在相应账期的位置上，企业每运营完一个季度，就应将应收账款向前移动一个账期，等到账期为零时就将现金灰币放到现金库。

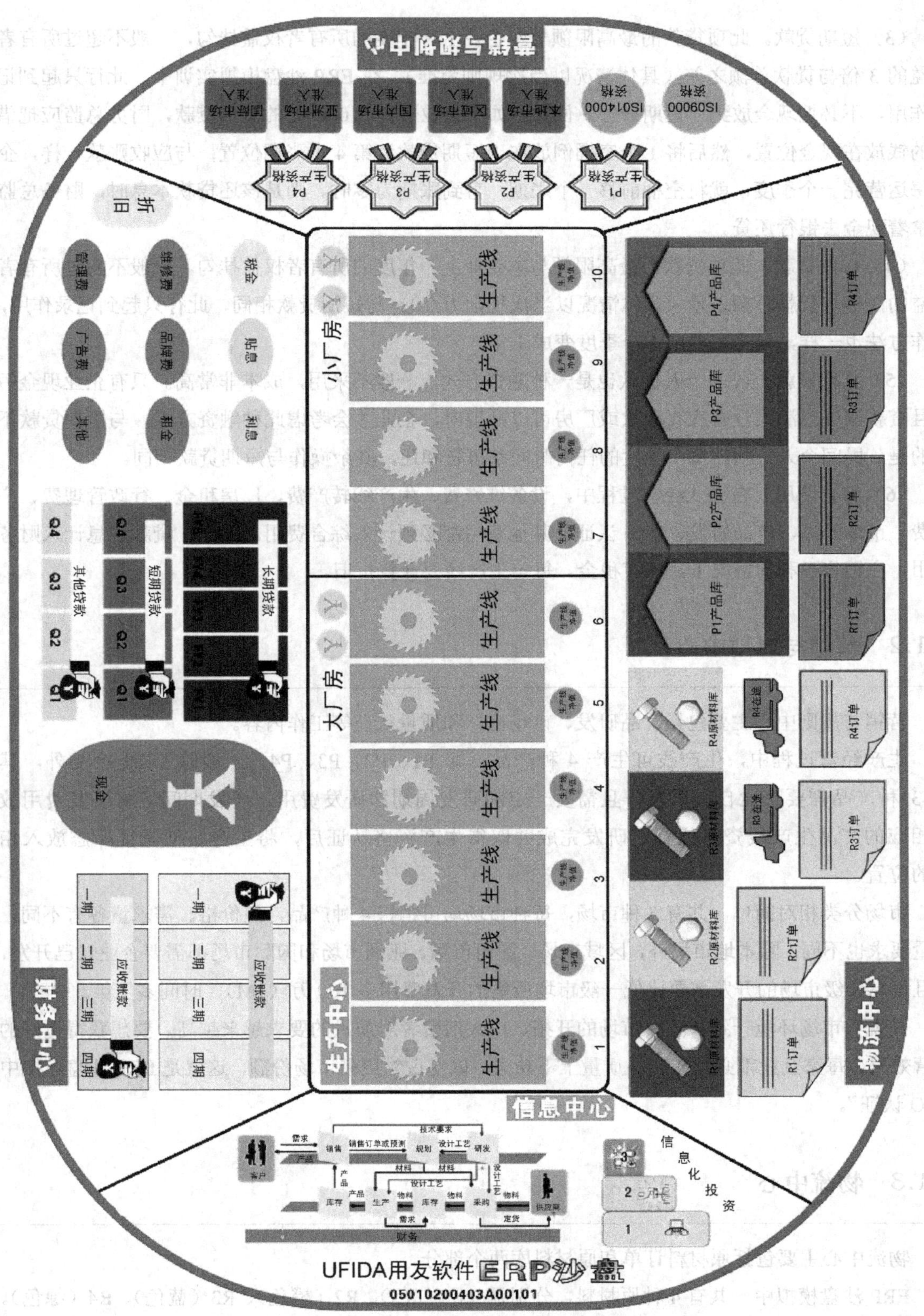

图 3-1　用友 ERP 沙盘结构图

（3）短期贷款。此项贷款的最高限额与本企业上一年度的所有者权益挂勾，一般不超过所有者权益的 3 倍与贷款总额之差（具体情况以当次规则为准）。在 ERP 沙盘模拟实训中，此行只起到记录作用，不必把现金放到“短期贷款”位置。如某企业借到 2 000 万的短期贷款，财务总监应把借来的钱放在现金位置，然后将 1 个空桶倒放在“短期贷款”第 4 个账期位置；与应收账款一样，企业每运营完一个季度，就将空桶前移一个账期，直到账期为零时。则是该还贷款本息时，财务总监就拿着现金去银行还贷。

（4）长期贷款。此项贷款的最高限额与本企业上一年度的所有者权益挂勾，一般不超过所有者权益的 3 倍与贷款总额之差（具体情况以当次规则为准）。与短期贷款相同，此行只起到记录作用，操作方法也一样，只是账期由 1 个季度变成 1 年。

（5）其他贷款。民间个人贷款也是一种融资方式，一般不采用，成本非常高。只有企业现金短缺且贷款额度已满又没有应收账款或厂房可以贴现时，企业才会考虑此种融资方式。与短期贷款不同的是，民间个人贷款在每个季度的任何时间都可贷和还，其余操作与短期贷款相同。

（6）综合费用。在企业经营过程中，设备维修费、生产线转产费、厂房租金、行政管理费、广告费、市场开拓、产品研发、ISO 认证及其他费用都必须计入综合费用。贴息、贷款利息计入财务费用。在销售盈利的情况下，还有税金。每年生产线要计算折旧。

3.1.2 营销与规划中心

营销与规则中心主要包括产品研发、市场开拓和质量认证等工作内容。

生产经营过程中，生产线可生产 4 种产品，即 P1、P2、P3、P4。一般除了 P1 产品外，其余 3 种产品需要企业自己研发，且需要一定的研发周期和研发费用。研发期间应将研发费用放入相应的产品生产线资格位置，研发完成并取得生产资格认证后，将生产资格认证标志放入相应的位置。

市场分类相对简单，共有 5 种市场，每种市场均可销售 4 种产品，但价格、需求量各有不同，质量要求也不同。除本地市场外，区域市场、国内市场、亚洲市场和国际市场都需要企业自己开发，并且每高一级市场的开发都要比低一级市场所需的开发费用多 100 万（1M），时间多 1 年。

同现实市场环境一致，随着市场的开拓，广大消费者对质量的要求越来越高，要想获得更好的经营效果，每家企业都必须在产品质量上下功夫，以便占领更多市场份额，这就是 ERP 沙盘模拟中“ISO 认证”。

3.1.3 物流中心

物流中心主要包括原材料订单和原材料库两个部分。

ERP 沙盘模拟中一共有 4 种原材料，分别是 R1（红色）、R2（橙色）、R3（蓝色）、R4（绿色）。每一种原材料的单价都是 100 万（1M）。

3.1.4 生产中心

生产中心主要包括大厂房、小厂房和各类生产线。

购买大厂房、小厂房所用资金应放入“大厂房”和“小厂房”旁边相应的位置，作为固定资产，且不得随意移动固定资产的资金。大厂房可安装 6 条生产线，小厂房可安装 4 条生产线。可安装的生产线包括手工生产线、半自动生产线、全自动生产线及柔性生产线。企业可根据本企业的需要，任意选取并进行投资和安装，一旦安装则不可以随意移动位置。

3.1.5 信息中心

信息中心主要包括企业生产工艺流程和信息化投资，以及模拟经营过程中通过商业间谍得到的商业情报等。

3.2 ERP 沙盘模拟全年运营流程

没有“规矩”不成方圆，了解规划、熟悉流程是 ERP 沙盘模拟实训能否顺利完成的关键。企业运营流程必须按照经营记录表中流程严格执行。

3.2.1 年度运营总流程

ERP 沙盘模拟企业经营 6 个年度，每个年度分设 4 个季度运营。ERP 沙盘模拟企业全年运营流程，如图 3-2 所示。

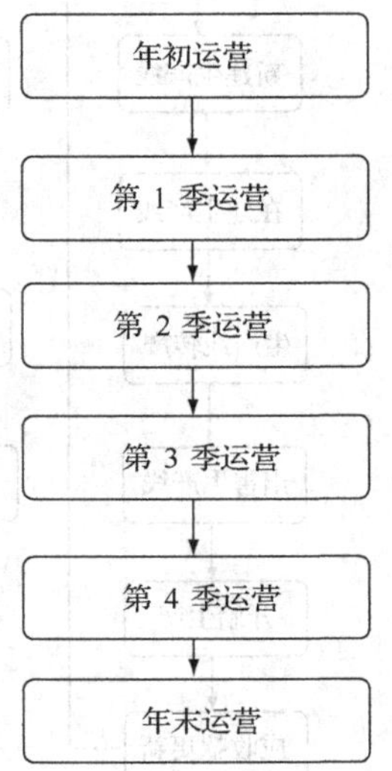

图 3-2 沙盘企业全年运营流程

3.2.2 年初运营流程

年初企业运营过程包括年度规划会、投放广告、支付广告费、支付所得税、参加订货会、长期贷款。ERP 沙盘模拟实训企业年初运营流程，如图 3-3 所示。

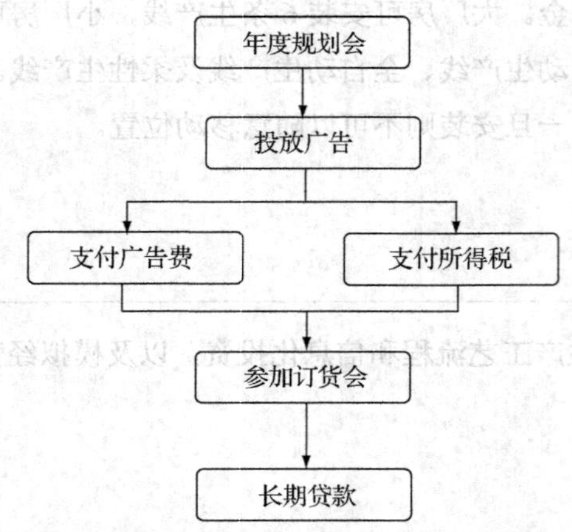

图 3-3 ERP 沙盘模拟企业年初运营流程

3.2.3 每季度内运营流程

ERP 沙盘模拟企业每季度内运营流程，如图 3-4 所示。

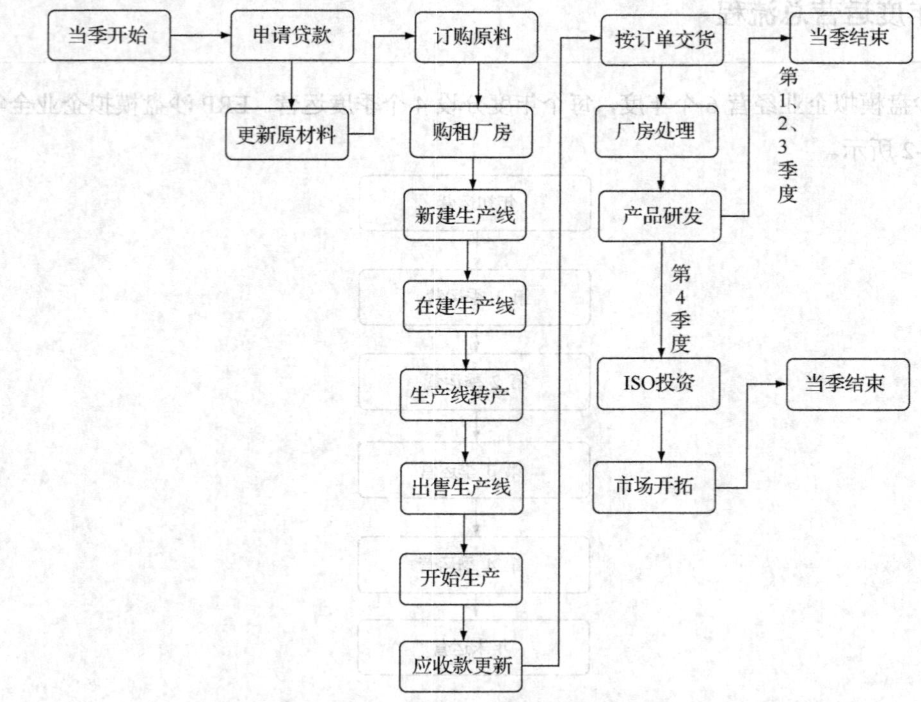

图 3-4 ERP 沙盘模拟企业每季度内运营流程

3.2.4 年末运营流程

年末运营主要包含填写报表和投放广告。ERP 沙盘模拟企业年末运营流程，如图 3-5 所示。

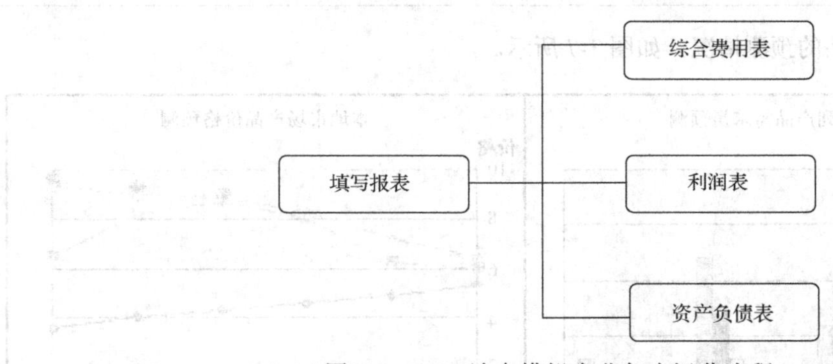

图 3-5 ERP 沙盘模拟企业年末运营流程

3.2.5 流程外运营操作

除上述运营操作外，企业随时可以进行如图 3-6 所示的运营操作。

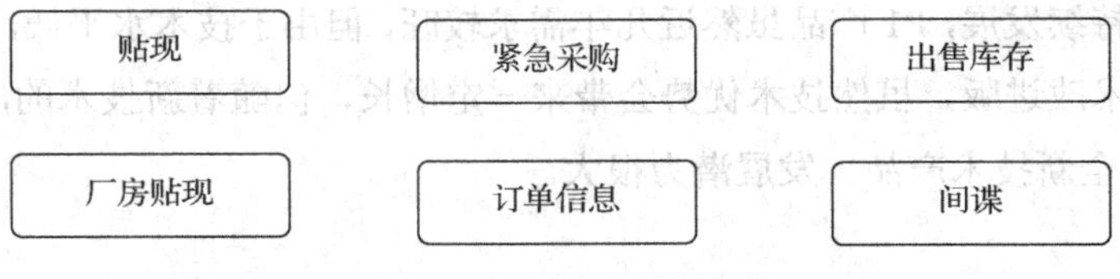

图 3-6 流程外运营操作

为保证企业按照规则经营，一般限制了各组模拟经营企业在参加竞单会过程中进行紧急采购和间谍操作。

3.3 了解你所经营产品的市场环境

市场是企业进行产品营销的场所，标志着企业的销售潜力。企业的生存和发展离不开市场这个大环境。谁赢得市场，谁就赢得了竞争。模拟企业生产经营之前需对其所生产产品的市场环境进行调研，了解市场总需求量和各种产品、各个市场、各个年度的不同需求与毛利。目前，企业仅除拥有本地市场外，还拥有区域市场、国内市场、亚洲市场和有待开发的国际市场。

一家权威机构对未来 6～8 年里各个市场的需求进行了预测，得出 P1 是目前市场上的主流技术产品，P2 作为 P1 的技术改良产品，也比较获得大众认同。P3 和 P4 作为 P 系列产品里的高端技术产品，各个市场对其认同度不尽相同，需求量与价格也有较大的差异。下面介绍一种 6 组的竞赛市场预测。

3.3.1 本地市场P系列产品的预测情况

本地市场 P 系列产品的预测情况，如图 3-7 所示。

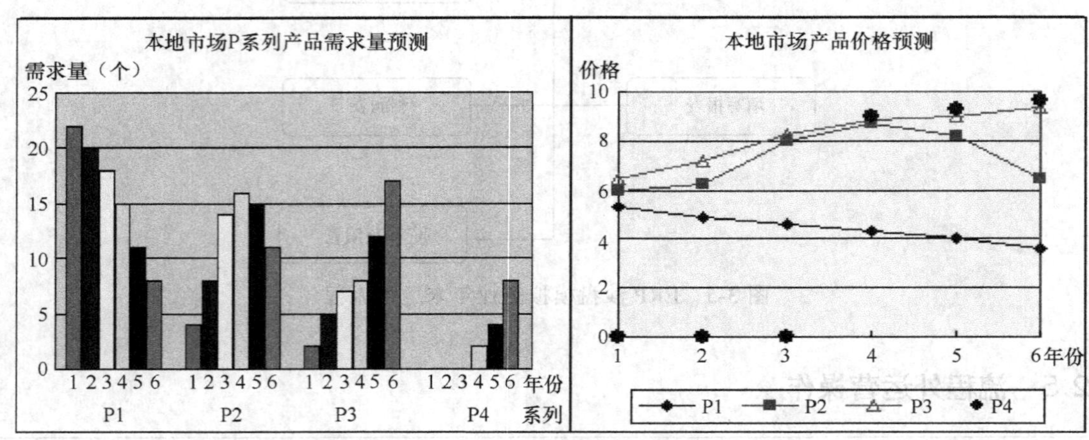

图 3-7 本地市场预测

本地市场将会持续发展，P1 产品虽然近几年需求较旺，但由于技术水平低，未来将会逐渐下降；P2 产品是 P1 的技术改进版，虽然技术优势会带来一定增长，但随着新技术的出现，其需求量最终会下降。P3、P4 为全新技术产品，发展潜力很大。

3.3.2 区域市场P系列产品的预测情况

区域市场 P 系列产品的预测情况，如图 3-8 所示。

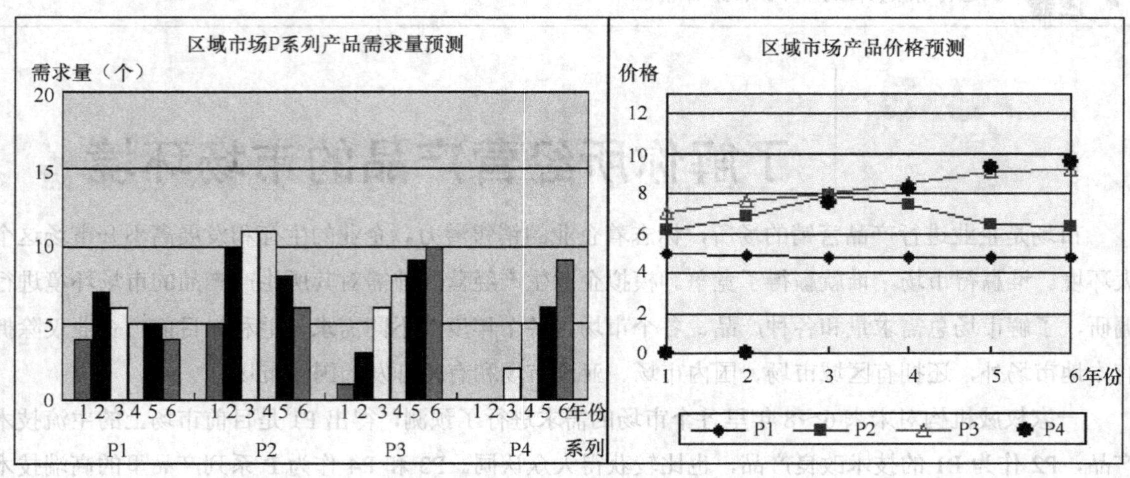

图 3-8 区域市场预测

区域市场的客户对 P 系列产品的喜好相对稳定，因此，市场需求量的波动很可能会比较平稳。因其紧邻本地市场，所以产品需求量的走势可能与本地市场相似，价格趋势也应大致一样。该市场的客户比较乐于接受新的事物，因此对于高端产品也会比较有兴趣，但由于受到地域的限制，该市场的需求总量非常有限，并且这个市场上的客户相对比较挑剔，因此在今后几年客户会对厂商是否通过了 ISO 9000 认证和 ISO 14000 认证有较高的要求。

3.3.3 国内市场P系列产品的预测情况

国内市场 P 系列产品的预测情况，如图 3-9 所示。

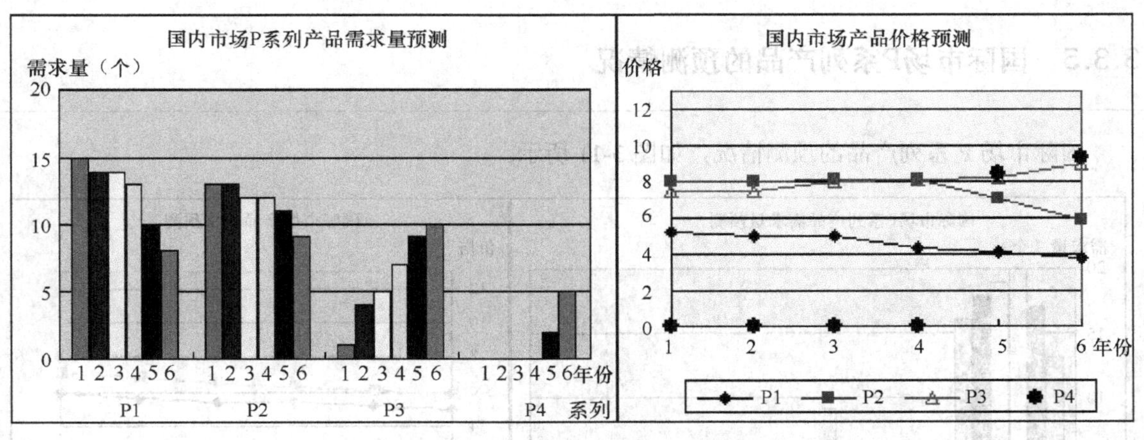

图 3-9 国内市场预测

因 P1 产品带有较浓的地域色彩，国内市场估计对 P1 产品不会有持久的需求。P2 产品因为更适合于国内市场，所以其需求量估计会一直比较平稳。随着客户对 P 系列产品新技术的逐渐认同，预计市场对 P3 产品的需求量会发展较快。这个市场上的客户对 P4 产品并不很认同。当然，对于高端产品来说，客户一定会更注重产品的质量保证。

3.3.4 亚洲市场P系列产品的预测情况

亚洲市场 P 系列产品的预测情况，如图 3-10 所示。

这个市场上客户的喜好一向波动较大，不易把握，所以对 P1 产品的需求量可能起伏较大，P2 产品的需求走势估计也会与 P1 相似。但该市场对新产品很敏感，因此预计该市场对 P3、P4 产品的需求量会发展较快，P3、P4 价格也可能不菲。另外，这个市场的客户很看重产品的质量，所以在今后几年里，如果厂商没有通过 ISO 9000 和 ISO 14000 认证，则其产品可能很难销售。

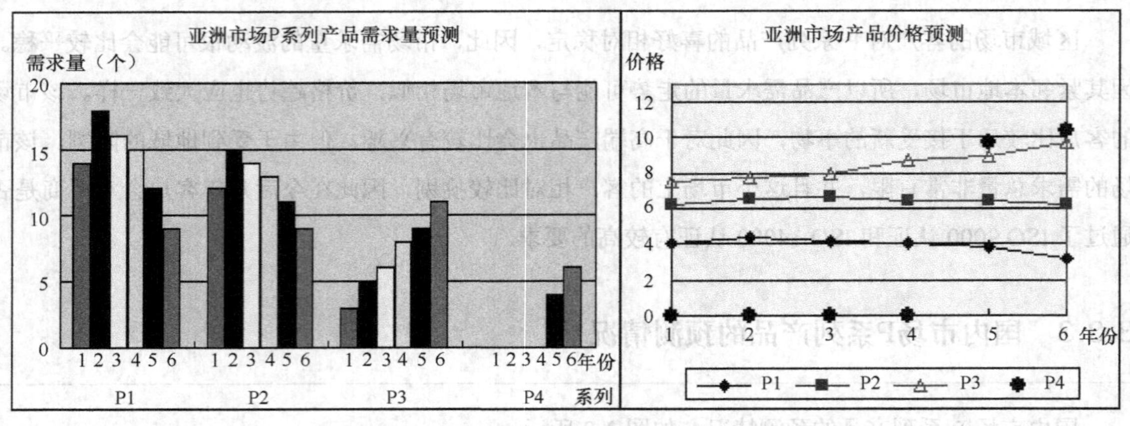

图 3-10 亚洲市场预测

3.3.5 国际市场P系列产品的预测情况

国际市场 P 系列产品的预测情况，如图 3-11 所示。

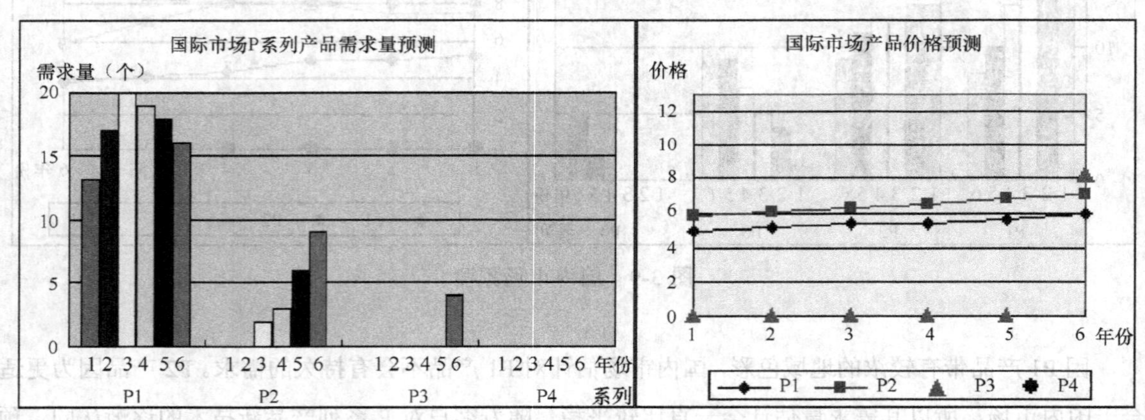

图 3-11 国际市场预测

进入国际市场可能需要一个较长的时间。有迹象表明，目前这一市场上的客户对 P1 产品已经有所认同，需求也会比较旺盛。对 P2 产品，客户将会谨慎地接受，所以需要一段时间才能被市场所接受。对新兴的技术，这一市场上的客户将会以观望为主，因此对 P3 和 P4 产品的需求量将会发展极慢。因为产品需求量主要集中在低端，所以客户对 ISO 质量认证的要求并不如其他几个市场那么高，但也不排除在后期会有这方面的需求。

3.4 领会 ERP 沙盘模拟生产经营运行规则

企业的生存和发展离不开市场这个大环境。企业运行前必须了解企业所在市场的环境情况，熟悉企业生产经营运行规则并正确执行企业内部管理制度，从而做到合法经营，以致在竞争中求生存、求发展。

3.4.1 市场总监需要领会的规则

1. 市场划分与市场准入

目前，企业除拥有本地市场外，还有区域市场、国内市场、亚洲市场和有待开发的国际市场。

企业在进入某个市场之前，一般需要进行市场调研、选址办公、选派或招聘人员、策划市场活动等一系列工作。各个市场因地理位置及地理区域不同，所以不同市场投入的费用及时间也不同，只有市场投入全部完成后方可接受客户的订单。资金短缺时，可随时中断或终止投入，但不可加速投资。各市场间没有必然的联系，也就是说，可以跳跃式地选择你要开发的市场，如放弃其中某一个或两个市场。当某个市场开发完成后，该企业就取得了在该市场上经营的资格（取得了相应的市场准入证），就可以在此市场进行广告宣传，争取客户订单了。

开发不同市场所需的时间和资金投入，具体内容见表 3-1。

表 3-1 开发不同市场所需的时间和资金投入

市场	开发费用	开发规则	持续最短时间	说明
本地	无		无	各市场开发可同时进行；资金短缺时可随时中断或终止投入；开发费用按开发时间平均支付，不允许加速投资；市场开拓完成后，领取相应的市场准入证
区域	1M	1M/年	1 年	
国内	2M	1M/年	2 年	
亚洲	3M	1M/年	3 年	
国际	4M	1M/年	4 年	

2. 市场预测

在“ERP 沙盘模拟实训”中，市场预测是企业能够得到的关于产品市场需求预测的唯一可以参考的、有价值的信息，包括各市场与各产品的总需求量、价格情况、客户情况、技术及产品质量要求等。市场总监也可通过实地调查或其他途径了解同行业竞争对手的情况。

3. 销售会议与订单争取

每年年初召开客户订货会，各企业派市场总监参加，根据各企业预先提交的营销方案、当年的市场需求状况、同行竞争态势，分市场分产品，按既定规则领取订单。

（1）广告费用与获得订单的机会。投入 1M 有一次选单的机会，以后每多投 2M 增加一次选单机会：如投入 7M 表示准备拿 4 张订单，但是能否拿到 4 张订单则取决于市场需求、竞争态势等；投入 2M 准备拿到 1 张订单，但只是比投入1M 的优先拿到订单。

产品广告应分配到每个具体的产品和市场；产品广告投入当年有效，无递延效果。品牌建设分市场不分产品，对本市场所有产品有效；品牌建设当年产生 60%广告效益，次年产生 30%广告效益，再年产生 10%广告效益。

各个市场的产品数量是有限的，并非打广告就一定能得到订单。

（2）广告填写。将广告费填写在每个市场的相应产品栏中；要保持市场准入时最少每个市场投放 1M 广告；如果要拿取 ISO 标准的订单，则首先要开发完成 ISO 认证，然后在每次的竞单中在广告登记单上的 ISO 位置填写 1M 的广告。

（3）选单排名顺序。订单按市场、按产品发放，如本地市场的 P1、P2、P3、P4，区域市场的 P1、P2、P3、P4 等次序发放。各公司按照排定的顺序来选择订单，选单顺序根据如下原则排定。

第一次以投入某个产品广告费用的多少产生该产品的选单顺序。如果该产品投入一样，则按本次市场的广告总投入量（包括 ISO 的投入）进行排名；如果市场广告总投入量一样，按上年的该市场排名顺序排名；如果上年排名相同，则采用竞标方式选单，即把某一订单的销售价、账期去掉，按竞标公司所出的销售价和账期决定谁获得该订单（按出价低，账期长短的顺序发单）。

销售排名及市场老大规则：每年竞单完成后，根据某个市场的总订单销售额排出销售排名，排名第一的为市场老大，下年可以不参加该市场的选单排名而优先选单；其余的公司，则仍按选单排名方式确定选单顺序。

放弃原则：本地市场不允许放弃（每次最少在 1 个商品上投入 1M）；其他市场可以放弃，但若要再次进入，则必须再次开发（已开发的投入将被收走）。

订单放单原则：按总需要量放单，如对某个产品的总需求量为 6 张订单，市场有 7 张订单，则只放 6 张；按供应量放单，如果订单总数超过需求量总数，则拿出全部订单；如果只有独家需求，则全部放单。

选单流程：按选单顺序先选第一轮，每公司一轮只有一次机会，选择 1 张订单；第二轮按顺序再选，机会用完的公司则退出选单。例如，市场老大只投了 1M 广告，第 2 轮选单时市场老大退出，由投 2 次机会最靠前的公司选单。

订单种类：普通订单，一年之内任何交货期均可交货；加急订单，第一季度必须交货。ISO 9000 或 ISO 14000，要求具有 ISO 9000 或 ISO 14000 资格，并且在市场广告上投放了 ISO 9000 或 ISO 14000 广告（1M）的公司可以拿单。

交货规则：必须按照订单规定的数量交货。

违约处罚规则：所有订单必须在规定的期限内完成（按订单上的产品数量交货），即加急订单必须在第一季度交货，普通订单必须在本年度交货等。如果订单没有完成，按下列条款加以处罚：下年市场地位下降一级（如果是市场第一的，则该市场第一空缺，所有公司均没有优先选单的资格）；下年必须先交上违约的订单后，才允许交下年正常订单；交货时扣除订单额 25%的违约金，如订单总额为 20M，则交货时只能获得 15M 的货款。

在“竞单表”中按市场、产品登记广告费用，如表 3-2 所示。这是第三年广告费投放情况。

表 3-2　　竞单表

第三年　A 组（本地）						第三年　A 组（区域）						第三年　A 组（国内）					
产品	广告	单额	数量	9K	14K	产品	广告	单额	数量	9K	14K	产品	广告	单额	数量	9K	14K
P1						P1						P1					
P2						P2						P2					
P3						P3						P3					
P4						P4						P4					

延期处罚：如果不能按期交货，当年扣除该张订单总金额的 25%作为罚款，且该张订单次年必须最先交货；如果次年仍然不能交货，则客户有权无条件收回该张订单。

卡片上标注有“加急”字样的订单，必须在第一季度交货。

3.4.2　生产总监需要领会的规则

1．厂房购买、租赁与出售

（1）购买厂房时，将等值的现金放在厂房价值处，大厂房为 40M，小厂房为 30M，厂房不提折旧。

（2）年末时，如果厂房中有 1 条生产线，则不论状态如何，都算占用。如果占用的厂房没有购买，则必须付租金，大厂房为 5M 每年，小厂房为 3M 每年。

（3）已经购买的厂房，可在每年各季度规定的时间按原值出售，出售厂房的款项计入 4Q 的应收款（不能直接放入现金）。

厂房购买、租赁与出售情况，如表 3-3 所示。

表 3-3　　厂房购买、租赁与出售情况

厂房	买价/M	每年租金/M	售价/M	容量
大厂房	40	5	40（4Q）	6 条生产线
小厂房	30	3	30（4Q）	4 条生产线

2．生产线购买、转产与维修、出售

（1）生产线只能购买，不能公司间转让；购买生产线必须按照安装周期分期支付，只有实现支付，才能计算安装期；支付不一定需要持续，可以在支付过程中停顿，安装期顺延；当最后一期投资到位时，再经过一个周期的安装，生产线才算安装完成，即最后一期投资后，下一季度才能开始使用。

（2）生产线卖出时，只能按残值转出固定资产净值，即从设备价值处拿出钱币放入现金，其余净值转入其他费用，当期清理完毕。如果设备价值不足以支付出售的生产线，则转出所有价值。

（3）当年建成的生产线不参加折旧；生产线每年提取维修费，在建的生产线不交维修费，但一旦建成，不论是否生产，都必须缴纳维修费，转产的生产线也需缴纳维修费。

（4）生产线一经安装不允许移动位置；有在制品的生产线不允许出售和转产处理。

（5）生产线上的格子代表加工工期，所以生产线上只能有1个在制品。

生产线购买、转产与维修、出售情况，如表3-4所示。

表3-4　　生产线购买、转产与维修、出售情况

生产线	购买价	安装周期	生产周期	转产周期	转产费用	维护费用	残值
手工线	5M	无	3Q	无	无	1M/年	1M
半自动	8M	2Q	2Q	1Q	1M	1M/年	2M
全自动	16M	4Q	1Q	2Q	4M	1M/年	4M
柔性线	24M	4Q	1Q	无	无	1M/年	6M

3. 产品研发

P1产品是各公司本身拥有的，其他产品需要进行开发。具体开发时间和经费见表3-5。

表3-5　　产品研发需要投入时间及研发费用

产品	P2	P3	P4
研发时间	6Q	6Q	6Q
研发投资	6M	12M	18M

各产品可同步研发，按研发周期平均支持研发费用。开发投入分期进行，每季度进行一次，投入1M、2M、3M不等，开发中可以随时中断和延续，不允许超前或集中投入。投资不能回收，开发完成之后才能上线生产。开发的产品不能转让，全部投资完成后下一周期方可开始生产。

4. 产品构成与产品生产

产品研发完成后，可以接单生产。生产不同的产品需要不同的原料。具体产品构成与成本，如表3-6所示。

表3-6　　产品构成与成本

产品	产品成本构成				直接成本
P1	1M加工费	1R1			2M
P2	1M加工费	1R1	1R2		3M
P3	1M加工费	2R2	1R3		4M
P4	1M加工费	1R2	1R3	2R4	5M

R1红币、R2橙币、R3蓝币、R4绿币均为原材料，每个价值均为1M。

各种生产线生产所有产品的加工费均为 1M。空生产线才能上线生产，一条生产线在同一时刻只能生产一个产品。上线生产必须有原料，否则必须停工待料。

5. ISO 9000 和 ISO 14000 开发规则

企业为开拓高端市场，需进行 ISO 9000 和 ISO 14000 的认证，具体要求见表 3-7。

表 3-7　国际 ISO 认证投入时间及认证费用

ISO 认证体系	ISO 9000 质量认证	ISO 14000 环境认证	备注说明
持续时间/年	2	3	两项认证投资可同时进行或延期，相应投资完成后领取 ISO 资格证
认证费用/M	2	3	

ISO 9000需要两年完成，ISO 14000需要至少3年完成，分期投入，每年一次，每次1M。可以中断投资，但不允许集中或超前投资。

只有开发完成后，才能在市场竞单中投入广告费，只有投入ISO的广告费，才有资格获取具有ISO要求的特殊订单。

3.4.3　采购总监需要领会的规则

采购的任务是适时、适量、适价地采购到生产所需的原材料。

采购涉及两个环节：签订采购合同和按合同收料。根据上季度所下采购订单接受相应原料入库，用空桶表示原材料订货，并将其放在相应的订单上。签订采购合同应注意采购提前期。R1、R2 订货必须提前一个季度，R3、R4 订货必须提前两个季度。根据所下采购订单接受相应原料入库，并按规定付款或计入应付款。

紧急采购。付款即到货，原料价格为直接成本的两倍，成品价格为直接成本的 3 倍，多于直接成本的支出计入损失（综合费用）。

3.4.4　财务总监需要领会的规则

1. 现金收入与支出

企业各项业务活动涉及现金收支的，由业务部门按程序办理申请手续，符合规范的收入和支出由财务总监进行现金收支。企业每一项经营活动涉及现金收支的，都要在企业经营中做好记录，现金收入记“+”号，现金支出记“-”。

2. 融资规则

资金是企业的血液，是企业所有活动的支撑。在“ERP 沙盘模拟经营”中，企业的融资渠道有银行借款、高利贷、应收账款贴现 3 种。

（1）长期贷款和短期贷款额度。各自为上年权益总计的 2 倍，必须以 20 的倍数申请；如果上年权益为 11M～19M，则只能按 10M 来计算贷款数量，即贷款额度为 20M。低于 10M 的权益，将不能获得贷款。

（2）期限：长期贷款最多可贷5年，短期贷款为4个周期。

（3）利息及还款：长期贷款利息为10%，每年支付利息，到期还本；短期贷款利息为5%，到期时还本并支付利息。

（4）贴现：按6∶1提取贴现费用，即从任意账期的应收账款中取7M，6M变为现金，1M支付贴现费用（只能贴7的倍数），只要有应收账款，就可以随时贴现。

（5）高利贷：20%利息/年，以20M为单位放贷，最长期限为1年，到期还本付息。发放额度应与银行协商。每次发放的高利贷不允许超过20M，盘面的高利贷总额不允许超过20M。

3. 费用规则

利润表上只反映“综合费用”一个项目，实际上综合费用由多项细化的费用构成，包括广告费、管理费、固定资产折旧维修费、转产费、租金、市场开拓费、ISO资格认证费、产品研发费、其他费用等。

综合管理费：每季度支付1M。

广告费（市场营销费）：广告费为每年拿订单时的广告投入。

固定资产折旧：计提折旧。厂房不提折旧，设备按平均年限法计提折旧，在建工程及当年新建设备不提折旧。

每年年末应对企业本年的财务状况及经营成果进行核算统计，按时上报“资产负债表”和“利润表”。如果企业经营盈利，则需要按国家规定上缴税金。每年所得税计入应付税金，在下一年初缴纳。所得税以弥补以前年度亏损后的余额为基数计算。

3.4.5 首席执行官或总经理需要领会的规则

一个管理团队内部如果不能统一意见，观点对立，产生内耗，则必然会导致企业效率低下。CEO要领导其管理团队，树立共同的愿景和目标，做出正确的经营决策，制定出企业各职能岗位考核标准，如表3-8所示。

表3-8 企业各职能岗位考核标准

岗位	考评项目	考评标准	建议考核依据
市场总监	运行记录	台账正确、及时、完整	台账记录
	市场分析与销售预测	分析报告、销售计划与执行	销售计划与执行的吻合度
	广告投放	广告投放合理	广告投入产出比
	按时交货给客户	按时交货	订单是否违约
	应收款管理	及时收缴应收款	应收款是否回收及时
生产总监	运行记录	台账正确、及时、完整	台账记录
	生产计划制订与执行	产品生产计划及执行，保证供货	开工计划表

续表

岗位	考评项目	考评标准	建议考核依据
生产总监	产能计算	及时、正确地提供产能数据	是否因产能计算造成违约订单
	产品研发与设备投资	产能投资时机把握、投资过程管理	与产品研发相适应，建设是否延期
	生产成本控制	正确核算生产成本	成本计算是否正确
采购总监	运行记录	台账正确、及时、完整	台账记录
	采购计划制订	制订与生产计划相适配的采购计划	采购计划
	采购计划执行管理	及时下订单、收料付款	采购运行记录
	保证原材料供应	保证生产所需的原材料供应	是否计划失误造成紧急采购
	原材料库存管理	每季度零库存	原材料是否有库存
财务总监	运行记录	台账正确、及时、完整	台账记录
	现金预算与计划执行	制订与业务相适配的资金计划，不出现资金短缺	现金预算表
	财务报告	及时、正确	报表是否超时、错误
	融资管理	融资方式合理、低成本	是否以最低成本获得可用资金
	费用/折旧管理	正确计算并支付各项费用	是否正确支付各项费用
首席执行官总经理	运行记录	台账正确、及时、完整	台账记录
	目标制订与达成	经营目标制订及业绩达成一致	年终业绩与经营目标偏差率
	流程控制	保证企业经营流程畅通	流程是否混乱，在规定时间是否完成企业经营
	管理授权与考评	授权合理、分配合理	岗位职责履行情况、员工满意度
	能力建设与团队管理	注重人员能力提升、团队协作高效	各岗位到岗率、企业文化

各个模拟企业要先制订各项计划，如销售计划、设备投资与改造计划、生产计划、采购计划、资金计划等。计划制订后，企业的日常运营将在CEO的领导下，按照任务清单所指示的程序和顺序进行，不得提前或滞后相关操作。企业应该对每个季度的要点进行记录，以便于核查、分析。

学以致用

1. 市场总监

（1）从3.3节的市场预测图中你获取了哪些信息？

（2）作为市场总监，你准备如何进行竞争对手分析？

（3）假定有这样的一张订单，如表 3-9 所示，而你与另一个选单者地位相同，在规则允许的范围内，你准备如何修改订单条件以便使自己更具有竞争力？

表 3-9　模拟竞争订单

第 4 年	亚洲市场	1P2-2/3
产品数量：2P2		
产品单价：6.5M/个		
总金额：20M		
应收账期：2Q		

2. 生产总监

（1）如采用平均年限法计提折旧，请计算 4 种生产线在不同年限出售时的设备价值并填入表 3-10 中。

表 3-10　折旧计算表

可使用年限	手工生产线	半自动生产线	全自动生产线	柔性生产性
1				
2				
3				
4				
5				

（2）在什么情况下本年不用缴纳设备维修费？

3. 采购总监

（1）说明 P1、P2、P3、P4 这 4 种产品的成本构成。

（2）本年度第 3 季度需要上线两个 P3，一个 P4；第 4 季度需要上线一个 P2，一个 P4；在零库存的情况下，制订出采购计划并填入表 3-11 中。

表 3-11　模拟采购计划

时间	上年第 4 季度	本年第 1 季度	本年第 2 季度	本年第 3 季度	本年第 4 季度
R1					
R2					
R3					
R4					

4. 财务总监

（1）目前，企业资金缺口 15M，企业有 2 账期应收账款 20M，3 账期应收账款 16M，如采用贴现方式融资，则应采用何种模式？

（2）ERP 沙盘实训中资产负债表、利润表与会计制度中规范的报表有何区别？

学习评价

评价分质评和量评两种方式。首先，由组长组织进行组内成员的互相评价；其次，由教师进行点评。小组成员评价和教师评价各占 50%，将考核情况填入表 3-12 和表 3-13 得分栏目中。

1. 职业素养测评表

在□中打 √，A 通过，B 基本通过，C 未通过。

表 3-12　职业素养测评表 3

职业素养	评估标准	自测结果
自我学习	1. 能进行时间管理； 2. 能选择适合自己的学习和工作方式； 3. 能随时修订计划并进行意外处理； 4. 能将已经学到的东西用于新的工作任务	□A □B □C □A □B □C □A □B □C □A □B □C
信息处理	1. 能根据不同需要去搜寻、获取并选择信息； 2. 能筛选信息，并进行信息分类； 3. 能使用多媒体等手段来展示信息	□A □B □C □A □B □C □A □B □C
工作态度	1. 工作积极主动、认真负责，恪守诚信，追求严谨； 2. 服从组长安排，无旷工，不迟到早退，不做与项目无关的事情	□A □B □C □A □B □C
工作效率	保持良好的工作环境，有效利用各种工具，按时、高质量地完成任务	□A □B □C
与人交流、合作	1. 能把握交流的主题、时机和方式； 2. 能理解对方谈话的内容，准确表达自己的观点； 3. 能挖掘合作资源，明确自己在合作中能够起到的作用； 4. 能同合作者进行有效沟通，理解个性差异及文化差异	□A □B □C □A □B □C □A □B □C □A □B □C
解决问题	1. 能说明何时出现问题并指出其主要特征； 2. 能做出解决问题的计划并组织实施计划； 3. 能对解决问题的方法适时做出总结和修改	□A □B □C □A □B □C □A □B □C
革新、创新	1. 能发现事物的不足并提出新的需要； 2. 能创新性地提出改进事物的意见和具体方法； 3. 能从多种方案中选择最佳方案并在现有条件下进行实施	□A □B □C □A □B □C □A □B □C

学生签字：　　　　教师签字：　　　　20　年　月　日

2. 专业能力测评表

表 3-13　　　　专业能力测评表 3

评价内容	权重	考核点	考核得分		
			小组评价	教师评价	综合得分
职业素养（20分）	10	资料整洁，摆放整齐			
	10	任务完成后，整齐摆放操作工具及凳子，保持工作台面整洁			
作品（80分）	80	完成规定的任务分工、学生总结、经验交流等资料。内容完整，格式整齐、语句通顺，文字优美。总结交流仪表端庄，口齿流利，总结到位			

组长签字：　　　　教师签字：　　　　20　年　月　日

第4章 ERP沙盘模拟实战

能力目标

1. 了解并能正确使用企业生产经营管理策略，团队合作完成企业7年的模拟经营。
2. 理解岗位的职业要求。

工作任务

1. 掌握企业生产经营管理策略及运用。
2. 模拟企业7年生产经营规划。

4.1 踏上征程——起始年

新管理层接手企业需要一个适应阶段，在这个阶段，新管理层需要与原管理层交接工作，熟悉企业内部的运营流程。在ERP沙盘实训中设置了起始年。企业选定接班人之后，原有管理层总要“扶上马，送一程”。因此，在起始年中，新任管理层仍受制于老领导，企业的决策由老领导决定，新管理层只能执行。这时主要是新管理层团队磨合，进一步熟悉规则，明晰企业的运营过程。

企业模拟经营时各项工作需要遵守相应的执行顺序，分为年初 5 项工作、年中 19 项工作和年末 6 项工作。

4.1.1 年初5项工作

（1）战略规划与预算。新一年开始，新的管理层要制订企业战略，做出经营规划、设备投资规划、产品研发方案、市场开拓计划等。具体来讲，需要进行销售预算和可承诺的计算。

销售预算是编制预算的关键和起点，主要是对本年度要达成的销售目标进行预测，销售预算的内容是销售数量、单价和销售收入等。

可承诺量的计算。参加订货会之前，需要计算企业的可接单量，企业可接单量主要取决于现有库存和生产能力，产能计算的准确与否直接影响着销售交付。

（2）参加订货会/登记销售订单。企业派市场总监参加订货会，按照市场地位、广告投放、竞争态势、市场需求等条件分配客户订单。市场总监领取订单后，负责将订单登记在“订单登记表”中，记录每张订单的订单号、所属市场、所订产品、产品数量、订单销售额、应收账期等。

（3）支付广告费。财务总监将广告费用放置在沙盘上“广告费”的位置；财务总监记录支出的广告费。

（4）制订新年度计划。在明确年度的销售任务后，以销售为龙头，编制生产计划、采购计划、设备投资计划并进行相应的资金预算。

（5）支付应付税。财务总监按照上一年度利润表的“所得税”一项的数值，取出相应的现金，放置于沙盘上的“税金”处，并做好现金收支记录。

4.1.2 年中19项工作

（1）季初盘点（填写数量）。财务总监盘点当前现金库的现金，在经营记录表中记录现金余额。

（2）更新短期贷款/还本付息款/申请短期贷款。企业如有短期贷款，财务总监将空桶向现金库方向移动一格，移至现金库时，表示短期贷款到期。

短期贷款的还款规则是利随本清，短期贷款到期时，每桶需要支付20M×5%=1M的利息，财务总监从现金库取现金。其中，本金还给银行，利息放置于沙盘“利息”位置，并做好现金收支记录。

申请短期贷款。短期贷款只有在这一时点可以申请，财务总监到银行办理贷款手续。

（3）更新应付款/归还应付款。财务总监将应付款向现金库方向推进一格，到达现金库时，从现金库中取现金付清应付款，并做好现金收支记录。

（4）原料入库/更新原料订单。供应商发出的订货运抵企业时，企业必须无条件接收货物并付款。采购总监将原料订单区的空桶向原料库方向推进一格，到原料库时，向财务总监申请原料款支付给供应商，取得相应的原料，在企业经营记录表中登记入库的原料数量。财务总监做好相关现金收支记录，如果启用应付，则在沙盘上做相应标记。

（5）下原料订单。采购总监根据年初的采购计划决定采购原料的品种和数量，每个空桶表示一批原料，将相应数量的空桶放置于对应品种的原料订单处。

（6）更新生产/完工入库。由生产总监将各生产线上的在制品向产成品库方向推进一格。产品下线表示产品完工，将产品放置于相应的产成品库，并在企业经营记录表中登记入库的产品数量。

（7）向其他企业购买/出售原料。新产品上线生产时，原料库中必须有足够的原料，否则会停工待料。此时，采购总监可以考虑向其他企业购买。如果按原料的原值购入，则购买方视同“原材料入库”处理，出售方采购总监从原料库取出原料，向购买方收取同值现金，放入现金库中并做好现金收支记录。如果高于原料价值购入，则购买方将差额记入利润表的其他支出，出售方将差额记入利润表的其他收入，财务总监做好现金收支记录，双方采购总监登记出入库原料数量。

（8）投资新生产线/变卖生产线/生产线转产。

① 投资新生产线：投资新设备时，生产总监向运行管理员领取新生产线标识，翻转放置于某厂房相应位置，其上放置与该生产线安装周期相同的空桶数，每个季度向财务总监申请建设资金，额度=设备总购买价值/安装周期，财务总监做好现金收支记录。在全部投资完成后的下一季度，将生产线标识再翻转过来，领取产品标识，可以开始投入使用。

② 变卖生产线：当生产线上的在制品完工后，可变卖生产线。生产线按净值出售，财务总监

将生产线残值转为现金，差额记入其他费用，并做好现金收支记录。

③ 生产线转产：需要转产且该生产需要一定的转产周期及转产费用，生产总监翻转生产线标识，按季度向财务总监申请并支付转产费用；停工满足转产周期要求并支付全部的转产费用后，再次翻转生产线标识，领取新的产品标识，开始新的生产。财务总监做好现金收支记录。

（9）开始下一批生产。当某一生产线的在制品完工入库时，可以考虑生产新产品，生产总监按照产品结构从原料库中取出原料，并向财务总监申请产品加工费，将上线产品放置于原料库最近的生产周期，并在企业经营记录表中记录在制品的数量。采购总监登记出库的原料数量。

（10）更新应收款/应收款贴现。财务总监将应收款向现金库推进一格，到达现金库时即为现金，做好现金收支记录。

（11）出售厂房。资金不足可以出售厂房，厂房按购买价出售，但得到的是 4 个账期的应收账款。

（12）向其他企业购买成品/出售成品。如产能计算错误，有可能导致本年度不能交付客户订单，要受到订单总额 25%的罚款，此时，市场总监可考虑向其他企业购买产品成本。如果以成本价购买，则双方正常处理。如果高于成本价，则购买方将差额记入其他费用，出售方将差额记入销售收入，财务总监做好现金收支记录，市场总监做好出入库产品数量。

（13）按订单交货。市场总监检查各成品库的成品数量是否满足客户订单要求，是否按客户订单要求交付产品，并在订单登记表中登记该批产品的成本。客户按订单收货并列明条件的支付货款，若为现金付款，财务总监直接将现金放置于现金库，并做好收支记录。若为应收款，市场总监将现金放置于应收账款相应账期处，并登记出库产品数量。

（14）产品研发投资。按照年初制订的产品研发计划，生产总监向财务总监申请研发资金，置于相应产品生产资格位置，财务总监做好现金收支记录。

（15）支付行政管理费。财务总监取出 1M 现金放置在“管理费”处，并做好现金收支记录。

（16）其他现金收支情况登记。一些没有对应项目的，如应收账款贴现、贷款利息、未缴订单罚款等，将其记录在该项。

（17）现金收入合计。财务总监统计本季度现金收入总额，其他业务总监登记本季度入库的原料/产品/在制品的数量。

（18）现金支付合计。财务总监统计本季度现金支出总额，其他业务总监登记本季度出库的原料/产品/在制品的数量。

（19）期末现金对账。财务总监盘点现金余额，并做好记录。其他业务总监盘点所管理的要素的数量并登记。

以上各项工作每个季度都要执行。

4.1.3 年末6项工作

（1）支付利息/更新长期贷款/申请长期贷款。

① 支付利息：长期贷款的还款规则是每年付息，到期还本。如果当年未到期，每桶需要支付

本金×10%的利息，财务总监从现金库中取出长期贷款利息放置于沙盘“利息”处，并做好现金收支记录。长期贷款到期时，财务总监从现金库取出现金归还本金及当年的利息。

② 更新长期贷款：如果企业有长期贷款，财务总监将空桶向现金库方向移动一格；当移到现金库时，表示长期贷款到期。

③ 申请长期贷款：只有在年末可以申请，可以申请的额度计算公式为

额度=上一年度所有者权益×3-已贷款总额

（2）支付设备维护费。在用的每条生产线需要支付 1M 的维护费，财务总监取出相应的现金放置于沙盘“维修费”处，并做好现金收支记录。

（3）支付租金/购买厂房。大厂房为自主厂房，如果本年在小厂房中安装了生产线，可决定该厂房是购买还是租用。如果购买，财务总监取出相应的现金放置在沙盘的厂房“价值”处；如果租赁，财务总监取出相应租金的现金放置在沙盘的厂房“租金”处，并做好现金收支记录。

（4）计提折旧。厂房不提折旧，设备按平均年限法计提折旧，在建工程及当年新建设备不提折旧。财务总监从生产线净值中取出折旧费放置于沙盘的“折旧”处。

（5）新市场开拓/ISO 资格认证投资。

① 新市场开拓：市场总监向财务总监申请市场开拓费，财务总监取出现金，将其放置在要开拓的市场区域，并做好现金收支记录。市场开拓完成，从运行管理员处领取相应市场准入证。

② ISO 资格认证投资：市场总监向财务总监申请 ISO 资格认证费，财务总监取出现金，将其放置在要认证的项目上，并做好现金收支记录。认证完成，从运行管理员处领取相应的 ISO 资格证。

（6）结账。财务总监编制产品核算统计表、综合管理费用明细表、利润表、资产负债表。

各相关表格见表 4-1～表 4-9。

表 4-1　　起始年总经理运行控制表

序号	请按顺序执行下列各项操作。每执行完一项操作，请总经理在相应的方格内打钩				
	操作项目	1	2	3	4
年初	新年度规划会议				
	参加订货会 / 登记销售订单				
	制订新年度计划				
	支付应付税				
1	季初各要素盘点（请填库存数量）				
2	更新短期贷款 / 还本付息款				
3	申请短期贷款（高利贷）				
4	更新应付款 / 归还应付款				
5	原料入库 / 更新原料订单				
6	下原料订单				
7	更新生产 / 完工入库				
8	新生产线投资 / 变卖 / 转产				
9	向其他企业购买 / 出售原料				
10	开始下一批生产				

续表

序号	请按顺序执行下列各项操作。每执行完一项操作，请总经理在相应的方格内打钩				
	操作项目	1	2	3	4
11	更新应收款 / 应收款收现				
12	出售厂房				
13	向其他企业购买 / 出售成品				
14	按订单交货				
15	产品研发投资				
16	支付行政管理费				
17	其他现金收支情况登记				
18	入库（现金收入）合计				
19	出库（现金支出）合计				
20	本季库存（现金）结余数量				
年末	支付利息 / 更新长期贷款 / 申请长期贷款				
	支付设备维护费				
	支付租金/购买厂房				
	计提折旧				
	新市场开拓 / ISO 资格认证投资				
	结账				

表 4-2　　起始年订单登记表　　金额单位：百万元

订单号	1	2	3	4	5	6	7	8	8	10	合计
市场											
产品											
数量											
账期											
销售额											
成本											
毛利											
未售											

表 4-3　　起始年产品核算统计表　　金额单位：百万元

项目	P1	P2	P3	P4	合计
数量					
销售额					
成本					
毛利					

表 4-4　　起始年综合管理费用明细表　　金额单位：百万元

项目	金额	备注
管理费		
广告费		
保养费		
租金		
转产费		
市场准入开拓		□区域　□国内　□亚洲　□国际
ISO 资格认证		□ISO 9000　□ISO 14000
产品研发		P2（　）P3（　）P4（　）
其他		
合计		

表 4-5　　起始年利润表　　金额单位：百万元

项目	上年数	本年数
销售收入	35	
直接成本	12	
毛利	23	
综合费用	11	
折旧前利润	12	
折旧	4	
支付利息前利润	8	
财务收入/支出	4	
其他收入/支出		
税前利润	4	
所得税	1	
净利润	3	

表 4-6　　起始年资产负债表　　金额单位：百万元

资产	期初数	期末数	负债和所有者权益	期初数	期末数
流动资产：			负债：		
现金	20		长期负债	40	
应收款	15		短期负债		
在制品	8		应付账款		
成品	6		应交税金	1	
原料	3		一年内到期的长期负债		
流动资产合计	52		负债合计	41	
固定资产：			所有者权益：		
土地和建筑	40		股东资本	50	
机器与设备	13		利润留存	11	
在建工程			年度净利	3	
固定资产合计	53		所有者权益合计	64	
资产总计	105		负债和所有者权益总计	105	

表 4-7　　起始年产成品台账

市场总监使用本表记录所管理的产成品库存的变化情况。当执行任务中产成品库存数量发生改变时，请市场总监在相应的单元格内填入出库、入库的产成品数量（以“+”表示入库，以“-”表示出库）。

注：执行步骤按照任务清单的顺序号进行

操作顺序	产成品 任务清单	1 季度				2 季度				3 季度				4 季度			
		P1	P2	P3	P4	P1	P2	P3	P4	P1	P2	P3	P4	P1	P2	P3	P4
1	季初产成品盘点数量																
2	更新短期贷款 / 还本付息款																
3	申请短期贷款（高利贷）																
4	更新应付款 / 归还应付款																
5	原料入库 / 更新原料订单																
6	下原料订单																
7	更新生产 / 完工入库																
8	新生产线投资/ 变卖 / 转产																
9	向其他企业购买 / 出售原料																
10	开始下一批生产																
11	更新应收款 / 应收款收现																
12	出售厂房																
13	向其他企业购买 / 出售成品																
14	按订单交货																
15	产品研发投资																
16	支付行政管理费																
17	其他现金收支情况登记																
18	本季产成品入库合计																
19	本季产成品出库合计																
20	季末产成品库存数量																

表 4-8　　起始年在制品台账

生产总监使用本表记录所管理的生产过程中在制品的变化情况。当执行任务中在制品数量发生改变时，请生产总监在相应的单元格内填入下线、上线的在制品数量（以“+”表示上线，以“-”表示下线）。

注：执行步骤按照任务清单的顺序号进行

操作顺序	在制品 任务清单	1 季度				2 季度				3 季度				4 季度			
		P1	P2	P3	P4	P1	P2	P3	P4	P1	P2	P3	P4	P1	P2	P3	P4
1	季初在制品盘点数量																
2	更新短期贷款 / 还本付息款																
3	申请短期贷款（高利贷）																
4	更新应付款 / 归还应付款																
5	原料入库 / 更新原料订单																
6	下原料订单																
7	更新生产 / 完工入库																
8	新生产线投资 / 变卖 / 转产																
9	向其他企业购买 / 出售原料																

续表

生产总监使用本表记录所管理的生产过程中在制品的变化情况。当执行任务中在制品数量发生改变时，请生产总监在相应的单元格内填入下线、上线的在制品数量（以“+”表示上线，以“-”表示下线）。

注：执行步骤按照任务清单的顺序号进行

操作顺序	在制品 / 任务清单	1季度				2季度				3季度				4季度			
		P1	P2	P3	P4	P1	P2	P3	P4	P1	P2	P3	P4	P1	P2	P3	P4
10	开始下一批生产																
11	更新应收款 / 应收款收现																
12	出售厂房																
13	向其他企业购买 / 出售成品																
14	按订单交货																
15	产品研发投资																
16	支付行政管理费																
17	其他现金收支情况登记																
18	本季在制品上线合计																
19	本季在制品下线合计																
20	季末在制品数量																

表 4-9　　起始年原料台账

采购总监使用本表记录所管理的原料库存的变化情况。当执行任务中原料库存数量发生改变时，请采购总监在相应的单元格内填入出库、入库的原料的数量（以“+”表示入库，以“-”表示出库）。

注：执行步骤按照任务清单的顺序号进行

操作顺序	原料 / 任务清单	1季度				2季度				3季度				4季度			
		R1	R2	R3	R4	R1	R2	R3	R4	R1	R2	R3	R4	R1	R2	R3	R4
1	季初原料盘点数量																
2	更新短期贷款 / 还本付息款																
3	申请短期贷款（高利贷）																
4	更新应付款 / 归还应付款																
5	原料入库 / 更新原料订单																
6	下原料订单																
7	更新生产 / 完工入库																
8	新生产线投资 / 变卖 / 转产																
9	向其他企业购买 / 出售原料																
10	开始下一批生产																
11	更新应收款 / 应收款收现																
12	出售厂房																
13	向其他企业购买 / 出售成品																
14	按订单交货																
15	产品研发投资																
16	支付行政管理费																
17	其他现金收支情况登记																
18	本季原料入库合计																
19	本季原料出库合计																
20	季末原料库存数量																

4.2 感性经营——第 1 年

经过起始年的摸索经营，新管理层对企业经营有了基本职业认知，接下来是新管理层进行第一个模拟经营，感知企业经营本质，了解企业战略及其层次，并为企业选取适合的发展和竞争战略。

4.2.1 企业经营的本质

1. 企业生存

企业是利用一定的经济资源，通过向社会提供产品和服务而获取利润的组织。

企业经营是企业以市场为对象，以商品生产和商品交换为手段，为了实现企业的目标，使企业的投资、生产、销售等经济与企业的外部环境保持动态平衡的一系列有组织的活动。

企业破产是指企业因经营管理不善造成严重亏损，不能清偿到期债务，依法宣告破产的情况。从这一角度让我们明白，在 6 年的 ERP 沙盘模拟经营中，出现下列情况企业将宣告破产：资不抵债（收入不足弥补支出，导致所有者权益中为负时）、现金断流（企业的负债到期，但无力偿还）。

生存是发展的基础，各位实训者一路小心。

2. 企业盈利

企业经营的本质是使股东权益最大化，权益来源只有一个，即净利润。从利润表的利润构成可以看出盈利的主要途径：一是扩大销售（开源），二是控制成本（节流）。

（1）扩大销售。利润主要来自销售收入，而销售收入由销售数量和产品单价两个因素决定。

① 提高销售数量有以下方式：扩张现有市场，开拓新市场；研发新产品；扩建或改造生产设施，提高产能；合理加大广告投放力度，进行品牌宣传。

② 提高产品单价受很多因素制约，但企业可能选择单价较高的产品进行生产。

（2）控制成本。产品成本分为直接成本和间接成本。控制成本主要有以下两种方法：降低直接成本（直接成本主要包括原料费和人工费）、降低间接成本（投资性支出包括厂房、投资新生产线等；费用性支出包括营销广告、贷款利息等）。

4.2.2 企业战略

1. 企业战略和企业战略管理

1965 年，一位专家发表了《企业战略论》。从此以后，“战略”这个概念就进入了企业领域。军队从事战争，企业从事竞争，两者虽然本质不同，但都存在一个“争”字。企业既然要参与竞争，就要在竞争中讲究谋略。企业谋略也有大小之分，大谋略是战略，小谋略是战术。在企业领域很少有人使用“战术”这个概念，虽然很少使用，但它是客观存在的。企业谋略不能有大无小。企业的小谋略只能被称为“战术”。“企业战略”是企业中各种战略的总称，其中包括发展战略、竞争战略、营销战略、技术开发战略等。这些战略的基本属性是相同的，都是对企业整体性、长期性、基本性的谋略，不同的只是谋划角度。

企业发展战略是关于企业发展的谋略。企业发展是成长、壮大的过程，其中既包括量的增加，也包括质的变化。企业发展战略是对企业各种战略的统称。企业战略虽然有多种，但基本属性是相同的，都是对企业的谋略，对企业整体性、长期性、基本性问题的计谋。

企业战略分 3 个层次：公司战略、业务战略和职能战略。

（1）公司战略又称总体战略，是企业最高层次的战略，主要关注两个问题：公司经营什么业务；公司总部如何管理多个业务单位来实现企业价值。

（2）业务战略又称经营战略，主要关注企业经营的各个业务如何获得竞争优势。

（3）职能战略主要包括市场营销策略、财务管理策略、人力资源管理策略、研发策略、生产策略等。

企业战略管理是指企业战略的分析与制订、评价与选择以及实施与控制，是使企业能够达到其战略目标的动态管理过程。

2. 企业战略分析方法

在对企业的宏观环境、企业行业及竞争环境、企业内部条件等进行详细的分析后，需要为其选择合适的竞争战略，SWOT（优势、劣势、机会、威胁）分析法是最常用的工具。SWOT 分析，是基于内外部竞争环境和竞争条件下的态势分析，即将与研究对象密切相关的各种主要内部优势、劣势和外部的机会和威胁等，通过调查列举出来，并依照矩阵形式排列，然后用系统分析的思想把各种因素相互匹配起来加以分析，从中得出一系列相应的结论，这些结论通常带有一定的决策性的分析方法。SWOT 矩阵分析如图 4-1 所示。

内部环境

外部环境	优势（S）	劣势（W）
机会（O）	SO战略 机会、优势组合 （可能采用的战略、最大限度地发展）	WO战略 机会、劣势组合 （可能采用的战略、利用机会、发展优点）
威胁（T）	ST战略 威胁、优势组合 （可能采用的战略、利用优势、减低威胁）	WT战略 威胁、劣势组合 （可能采用的战略、收购、合并）

图 4-1　SWOT 分析

3. 企业发展战略

企业发展战略有3大类：密集性发展战略、一体化发展战略、多元化发展战略。

（1）密集性发展战略。它是企业在原有生产范围内充分利用产品和市场方面的潜力来求得成长的发展战略，主要方法有市场渗透、产品开发和市场开发。

（2）一体化发展战略。它是指通过资产纽带或契约方式，企业与其业务的输入或输出端的企业联合或相同的企业联合，形成一个统一的经济组织，从而达到降低交易费用及其他成本，提高经济效益的战略。

（3）多元化发展战略。它是指一个企业同时在两个以上的行业从事生产经营活动，或者同时生产或提供两种以上基本经济用途不同的产品和服务的战略。

4. 企业战略实施步骤

（1）明确企业的发展状况。首先需要制订战略选择方案。在制订战略过程中，当然是可供选择的方案越多越好。企业可以从对企业整体目标的保障、对中下层管理人员积极性的发挥以及企业各部门战略方案的协调等多个角度考虑，选择自上而下的方法、自下而上的方法或上下结合的方法来制订战略方案。

（2）企业要着眼于未来，优化企业战略选择。企业所处的市场及外部环境永远处于不断变化之中，预测并了解这些变化，把握其本质是企业领先于竞争对手的前提。

① 把握市场需求的变化，要了解商场中各种竞争力的变化，清楚自己与竞争对手在什么地方竞争，在哪些方面竞争，自己的优势和差距。

② 要把眼界充分放开，从区域市场到全球市场，从行业背景到整个经济发展战略的大背景。

③ 以未来为先导，把企业的战略建立在对未来的预测和把握上。

（3）评估战略备选方案。评估备选方案通常使用两个标准：一是考虑选择的战略是否发挥了企业的优势，克服劣势，是否利用了机会，威胁削弱到最低限度；二是考虑选择的战略能否被企业利益相关者所接受。

需要指出的是，实际上并不存在最佳的选择标准，管理层和利益相关团体的价值观和期望在很大程度上影响着战略的选择。此外，对战略的评估最终还要落实到战略收益、风险和可行性分析的财务指标上。

（4）选择战略。它是指即最终的战略决策，确定准备实施的战略。一般来说选择战略有如下方法。

① 根据企业目标选择战略。企业目标是企业使命的具体体现，因而，选择对实现企业目标最有利的战略方案。

② 提交上级管理部门审批。中下层机构的战略方案提交上级管理部门，能够使最终选择方案更加符合企业整体战略目标。

企业发展战略的实施，是企业在经济市场中发展的有效保障。

5. ERP沙盘模拟经中常见战略分析

（1）高产能、高广告、多品种。在市场环境较为宽松的情况下，企业可以采用高产能、高广告、多品种的企业战略。企业在经营初期，可有利用所有者权益尚未下降时举借大量长期贷款，用于新建生产线、产品研发，保证产能第一。再以高广告方式获取足量订单出货，夺取市场老大地位。产品由低端向高端过渡，以便在最短时间内实现权益的回升。

战略要点如下。

① 市场订单。企业产能的释放，必须保证在市场上拿到预计的订单数量，只有保证销售任务完成，才能回笼资金以便进一步发展的可能。反之，资金无法回笼，企业现金就面临断流的风险。

② 资本运作。企业需要有足够的资金用于扩大产能和维持高额广告费，同时，还需要抵制后期强大的还款压力。如何有效利用长短贷的融资方式，做好资金预算，是此战略的另一个操作要点。

（2）小本经营。在市场环境较为紧缩的情况下，企业可以采用小本经营战略。企业在经营之初，按需借少量贷款，建议选择价格便宜、折旧费用少的手工生产线，以减少占用资金数量。投放广告时并不是砸广告抢单，而是选择低广告策略，选相对合适的订单。由于企业战略为小本经营，运营成本少，即使没有按照预期选到足够的订单，造成产品库存积压，企业也可以生存下去。同时，由于在市场环境中，一季度交货的产品普遍价格相对较高，而且较容易获得，上一年的库存商品也很容易出售。企业前期可积累权益，在第 4 年和第 5 年逐渐转变生产线，第 6 年爆发式增长，以实现盈利。

战略要点如下。

① 市场环境。小本经营战略适用于激烈竞争的市场环境，由于“开源”难度大，因此以“节流”求生存。如果市场环境宽松，小本经营战略会使企业在初期错失发展良机，难以追赶其他竞争对手。

② 广告投放。小本经营战略中广告投放额度较低，因此对广告投放的准确度提出更高的要求。要充分分析市场上其他竞争企业的生产线、产品状况，吃透市场预测，以最小的销售费用完成销售。

③ 换生产线时机。此战略在经营后期涉及换线问题，因此要把好生产线转换时机，切勿冒进，应遵序渐进，逐步实现。

6．战略——谋定而后动

以下几个情景是 ERP 沙盘经营中经常碰到的问题。

- 盲目建了 3 条，甚至 4 条自动或柔性生产线，建成后发现流动资金不足了，只好停产；
- 脑子一发热，好不容易抢来的市场老大，第二年拱手相让；
- 在某个市场狠砸一通广告，却发现并没有什么竞争对手，造成极大浪费；
- 还没有搞清楚要生产什么产品，就匆匆忙忙采购了一堆原料；
- 销售不错，利润就是上不去。

很多经营者，在经营过程中一直是糊里糊涂的，这是典型的没有战略的表现。所谓战略，用迈克尔·波特诉话说就是“企业各项运作活动之间建立的一种配称”。企业所拥有的资源是有限的，如何分配这些资源，使企业价值最大，这就是配称，目标和资源之间必须是匹配的。不然目标再远大，实现不了，只能是空想。

ERP 沙盘模拟经营必须在经营之初就做如下几个战略问题的思考。

企业的经营目标——核心是盈利目标，还包括市场占有率、无形资产占用等目标。开发什么市场？何时开发？

开发什么产品？何时开发？

开发什么 ISO 认证？何时开发？

建设什么生产线？何时建设？

融资规则

……

ERP 沙盘模拟经营中为了实现战略规则，最有效的工具是做长期资金规则，预先将 6 年的资金预算一并做出，就形成了资金规则。同时将 6 年预测财务报表、生产计划、采购计划也完成，就形成了一套可行的战略。当然仅一套战略是不够的，事先需要形成数套战略。在执行的过程中，可以根据下面的思路做动态调整。

（1）战略的制定和执行过程中，永远不要忘记你的对手，对手的一举一动都会对你产生重要影响；（2）前 3 年是经营的关键，此时企业资源较少，战略执行必须步步为营，用好每一分钱。而且前期若是被对手拉开差距，后期想追赶是很难的。第 1 年浪费 1M，可能会导致第 6 年权益相差几十 M，这就“蝴蝶效应”。

4.2.3 目标管理

目标管理是以目标为导向，以人为中心，以成果为标准，使组织和个人取得较佳业绩的现代管理方法。目标管理也称“成果管理”，俗称责任制，是指在企业个体职工的积极参与下，自上而下地确定工作目标，并在工作中实行“自我控制”，自下而上地保证目标实现的一种管理办法。

由于各个组织活动的性质不同，目标管理的步骤可以不完全一样，但一般来说，可以分为以下四步。

（1）建立一套完整的目标体系。实行目标管理，首先要建立一套完整的目标体系。这项工作总是从企业的最高主管部门开始的，然后由上而下地逐级确定目标。上下级的目标之间通常是一种“目的—手段”的关系；某一级的目标，需要用一定的手段来实现，这些手段就成为下一级的次目标，按级顺推下去，直到作业层的作业目标，从而构成一种锁链式的目标体系。

（2）明确责任。目标体系应与组织结构相吻合，从而使每个部门都有明确的目标，每个目标都有人明确负责。然而，组织结构往往不是按组织在一定时期的目标而建立的，因此，在按逻辑展开目标和按组织结构展开目标之间，时常会存在差异。其表现是，有时从逻辑上看，一个重要的分目标却找不到对此负全面责任的管理部门，而组织中的有些部门却很难为其确定重要的目标。这种情况的反复出现，可能最终导致对组织结构的调整。从这个意义上说，目标管理还有助于搞清组织机构的作用。

（3）组织实施。目标既定，主管人员就应放手把权力交给下级成员，而自己去抓重点的综合性管理。完成目标主要靠执行者的自我控制。如果在明确了目标之后，作为上级主管人员还像从前那样事必躬亲，便违背了目标管理的主旨，不能获得目标管理的效果。当然，这并不是说，上级在确定目标后就可以撒手不管了。上级的管理应主要表现在指导、协助。提出问题，提供情报以及创造良好的工作环境方面。

（4）检查和评价。对各级目标的完成情况，要事先规定出期限，定期进行检查。检查的方法可灵活地采用自检、互检和责成专门的部门进行检查。检查的依据就是事先确定的目标。对于最终结果，应当根据目标进行评价，并根据评价结果进行奖罚。经过评价，目标管理进入下一轮循环过程。

第1年相关表格如表4-10～表4-20所示。

表4-10　　第1年总经理运行控制表

序号	请按顺序执行下列各项操作。每执行完一项操作，请总经理在相应的方格内打钩				
	操作项目	1	2	3	4
年初	新年度规划会议				
	参加订货会 / 登记销售订单				
	制订新年度计划				
	支付应付税				
1	季初各要素盘点（请填库存数量）				
2	更新短期贷款 / 还本付息款				
3	申请短期贷款（高利贷）				
4	更新应付款 / 归还应付款				
5	原料入库 / 更新原料订单				
6	下原料订单				
7	更新生产 / 完工入库				
8	新生产线投资 / 变卖 / 转产				
9	向其他企业购买 / 出售原料				
10	开始下一批生产				
11	更新应收款 / 应收款收现				
12	出售厂房				
13	向其他企业购买 / 出售成品				
14	按订单交货				
15	产品研发投资				
16	支付行政管理费				
17	其他现金收支情况登记				
18	入库（现金收入）合计				
19	出库（现金支出）合计				
20	本季库存（现金）结余数量				
年末	支付利息 / 更新长期贷款 / 申请长期贷款				
	支付设备维护费				
	支付租金/购买厂房				
	计提折旧				
	新市场开拓 / ISO资格认证投资				
	结账				

表 4-11　　第 1 年财务总监运行控制表　　金额单位：百万元

企业经营流程 请按顺序执行下列各项操作	每执行完一项操作，财务总监（助理）在方格中填写现金收支情况			
	1	2	3	4
新年度规划会议				
参加订货会/登记销售订单				
制订新年度计划				
支付应付税				
季初现金盘点（请填余额）				
更新短期贷款/还本付息款/申请短期贷款（高利贷）				
更新应付款/归还应付款				
原料入库/更新原料订单				
下原料订单				
更新生产/完工入库				
投资新生产线/变卖生产线/生产线转产				
向其他企业购买原料/出售原料				
开始下一批生产				
更新应收款/应收款收现				
出售厂房				
向其他企业购买成品/出售成品				
按订单交货				
产品研发投资				
支付行政管理费				
其他现金收支情况登记				
支付利息/更新长期贷款/申请长期贷款				
支付设备维护费				
支付租金/购买厂房				
计提折旧				
新市场开拓/ISO 资格认证投资				
结账				
现金收入合计				
现金支出合计				
期末现金对账（请填余额）				

表 4-12　　第 1 年现金预算表　　金额单位：百万元

项目	1 季度	2 季度	3 季度	4 季度
期初库存现金				
支付上年应缴税				
市场广告投入				
贴现费用				

续表

项目	1季度	2季度	3季度	4季度
利息（短期贷款）				
支付到期短期贷款				
原料采购支付现金				
转产费用				
生产线投资				
工人工资				
产品研发投资				
收到现金前的所有支出				
应收款到期				
支付管理费用				
利息（长期贷款）				
支付到期长期贷款				
设备维护费用				
租金				
购买新厂房				
市场开拓投资				
ISO认证投资				
其他				
库存现金余额				

要点记录

第1季度：

第2季度：

第3季度：

第4季度：

年底小结：

表4-13　　第1年订单登记表　　金额单位：百万元

订单号											合计
市场											
产品											
数量											
账期											
销售额											
成本											
毛利											
未售											

表 4-14 第 1 年产品核算统计表

项目	P1	P2	P3	P4	合计
数量					
销售额					
成本					
毛利					

表 4-15 第 1 年综合管理费用明细表 金额单位：百万元

项目	金额	备注
管理费		
广告费		
保养费		
租金		
转产费		
市场准入开拓		□区域 □国内 □亚洲 □国际
ISO 资格认证		□ISO 9000 □ISO 14000
产品研发		P2（ ） P3（ ） P4（ ）
其他		
合计		

表 4-16 第 1 年利润表 金额单位：百万元

项目	上年数	本年数
销售收入		
直接成本		
毛利		
综合费用		
折旧前利润		
折旧		
支付利息前利润		
财务收入/支出		
其他收入/支出		
税前利润		
所得税		
净利润		

表 4-17　　第 1 年资产负债表　　金额单位：百万元

资产	期初数	期末数	负债和所有者权益	期初数	期末数
流动资产：			负债：		
现金			长期负债		
应收款			短期负债		
在制品			应付账款		
成品			应交税金		
原料			一年内到期的长期负债		
流动资产合计			负债合计		
固定资产：			所有者权益：		
土地和建筑			股东资本		
机器与设备			利润留存		
在建工程			年度净利		
固定资产合计			所有者权益合计		
资产总计			负债和所有者权益总计		

表 4-18　　第 1 年产成品台账

市场总监使用本表记录所管理的产成品库存的变化情况。当执行任务中产成品库存数量发生改变时，请市场总监在相应的单元格内填入出库、入库的产成品数量（以“+”表示入库，以“-”表示出库）。

注：执行步骤按照任务清单的顺序号进行

操作顺序	产成品 / 任务清单	1季度				2季度				3季度				4季度			
		P1	P2	P3	P4	P1	P2	P3	P4	P1	P2	P3	P4	P1	P2	P3	P4
1	季初产成品盘点数量																
2	更新短期贷款 / 还本付息款																
3	申请短期贷款（高利贷）																
4	更新应付款 / 归还应付款																
5	原料入库 / 更新原料订单																
6	下原料订单																
7	更新生产 / 完工入库																
8	新生产线投资 / 变卖 / 转产																
9	向其他企业购买 / 出售原料																
10	开始下一批生产																
11	更新应收款 / 应收款收现																
12	出售厂房																
13	向其他企业购买 / 出售成品																
14	按订单交货																
15	产品研发投资																
16	支付行政管理费																
17	其他现金收支情况登记																
18	本季产成品入库合计																
19	本季产成品出库合计																
20	季末产成品库存数量																

表 4-19　　第 1 年在制品台账　　金额单位：百万元

生产总监使用本表记录所管理的生产过程中在制品的变化情况。当执行任务中在制品数量发生改变时，请生产总监在相应的单元格内填入下线、上线的在制品数量（以"+"表示上线，以"-"表示下线）。

注：执行步骤按照任务清单的顺序号进行

操作顺序	任务清单 \ 在制品	1季度				2季度				3季度				4季度			
		P1	P2	P3	P4	P1	P2	P3	P4	P1	P2	P3	P4	P1	P2	P3	P4
1	季初在制品盘点数量																
2	更新短期贷款 / 还本付息款																
3	申请短期贷款（高利贷）																
4	更新应付款 / 归还应付款																
5	原料入库 / 更新原料订单																
6	下原料订单																
7	更新生产 / 完工入库																
8	新生产线投资 / 变卖 / 转产																
9	向其他企业购买 / 出售原料																
10	开始下一批生产																
11	更新应收款 / 应收款收现																
12	出售厂房																
13	向其他企业购买 / 出售成品																
14	按订单交货																
15	产品研发投资																
16	支付行政管理费																
17	其他现金收支情况登记																
18	本季在制品上线合计																
19	本季在制品下线合计																
20	季末在制品数量																

表 4-20　　第 1 年原料台账　　金额单位：百万元

采购总监使用本表记录所管理的原料库存的变化情况。当执行任务中原料库存数量发生改变时，请采购总监在相应的单元格内填入出库、入库的原料的数量（以"+"表示入库，以"-"表示出库）。

注：执行步骤按照任务清单的顺序号进行

操作顺序	任务清单 \ 原料	1季度				2季度				3季度				4季度			
		R1	R2	R3	R4	R1	R2	R3	R4	R1	R2	R3	R4	R1	R2	R3	R4
1	季初原料盘点数量																
2	更新短期贷款 / 还本付息款																
3	申请短期贷款（高利贷）																
4	更新应付款 / 归还应付款																
5	原料入库 / 更新原料订单																

续表

采购总监使用本表记录所管理的原料库存的变化情况。当执行任务中原料库存数量发生改变时，请采购总监在相应的单元格内填入出库、入库的原料的数量（以“+”表示入库，以“-”表示出库）。

注：执行步骤按照任务清单的顺序号进行

操作顺序	原料 / 任务清单	1季度				2季度				3季度				4季度			
		R1	R2	R3	R4	R1	R2	R3	R4	R1	R2	R3	R4	R1	R2	R3	R4
6	下原料订单																
7	更新生产 / 完工入库																
8	新生产线投资 / 变卖 / 转产																
9	向其他企业购买 / 出售原料																
10	开始下一批生产																
11	更新应收款 / 应收款收现																
12	出售厂房																
13	向其他企业购买 / 出售成品																
14	按订单交货																
15	产品研发投资																
16	支付行政管理费																
17	其他现金收支情况登记																
18	本季原料入库合计																
19	本季原料出库合计																
20	季末原料库存数量																

4.3 理性经营——第2年

团队合作完成第2年的企业经营模拟。

4.3.1 确定产能

市场总监在参加客户订货会之前，生产总监应正确计算企业的产能，并向市场总监提供可承诺量（ATP）数据。

当年某产品可接单量＝期初库存+本年产量+可能的租赁线加工数量

为了准确地计算产能，必须要了解不同类型的生产线生产周期的不同、年初在制品状态以及原材料订购情况，计算本年能够完工的产品的数量，如表4-21所示。

表 4-21　　　　　　　　　　　　产能情况表

生产线类型	年初在制品状态	各季度完成的生产				年生产能力
		1	2	3	4	
手工生产线 4 种状态	○　○　○	□	□	□	■	1
	●　○　○	□	□	■	□	1
	○　●　○	□	■	□	□	1
	○　○　●	■	□	□	■	2
半自动生产线 3 种状态	○　○	□	□	■	□	1
	●　○	□	■	□	■	2
	○　●	■	□	■	□	2
柔性/全自动生产线 2 种状态	○	□	■	■	■	3
	●	■	■	■	■	4

注：黑色图符表示在制品的位置或产品完工下线。

注意：ATP 不是一个定数，而是一个区间。由于手工生产线、柔性生产线和租赁线（也是柔性生产线）既没有转产周期，也没有转产费用，在计算产能时，要充分考虑转产的可能。同时要考虑紧急采购、加建生产线和其他企业采购的可能性。

4.3.2　市场营销

1. 市场营销的概念

市场营销是从卖方的立场出发，以买主为对象，在不断变化的市场环境中，以顾客需求为中心，通过交易程序，提供和引导商品或服务到达顾客手中，满足顾客需求与利益，从而获取利润的企业综合活动。

2. 市场营销的基本职能

（1）与市场紧密联系，收集有关营销的各种信息、资料，开展市场营销研究，分析营销环境等。

（2）根据企业的经营目标和企业内外环境分析，确定企业市场营销的目标和方针。

（3）制订市场营销决策。

（4）市场营销计划的编制执行和控制。

（5）销售事务与管理。

3. 市场营销分析方法——波士顿法

波士顿矩阵，又称市场增长率——相对市场份额矩阵、波士顿咨询集团法、四象限分析法、产品系列结构管理法等，如图 4-2 所示。

波士顿矩阵对于企业产品所处的 4 个象限具有不同的定义和相应的战略对策。

（1）明星产品（Stars），即处于高增长率、高市场占有率象限内的产品群，这类产品可能成为企业的金牛产品，需要加大投资以支持其迅速发展。采用的战略是发展战略，积极扩大经营规模和市场准入机会，以长远利益为目标，提高市场占有率，加强竞争地位。

（2）金牛产品（Cash Cow）又称厚利产品。它是指处于低增长率、高市场占有率象限内的产品群，已进入成熟期。其财务特点是销售量大、产品利润率高、负债比率低，可以为企业提供资金，是明星产品投资的后盾。这类业务单位越多，企业的实力越强。采用的战略是保持战略。

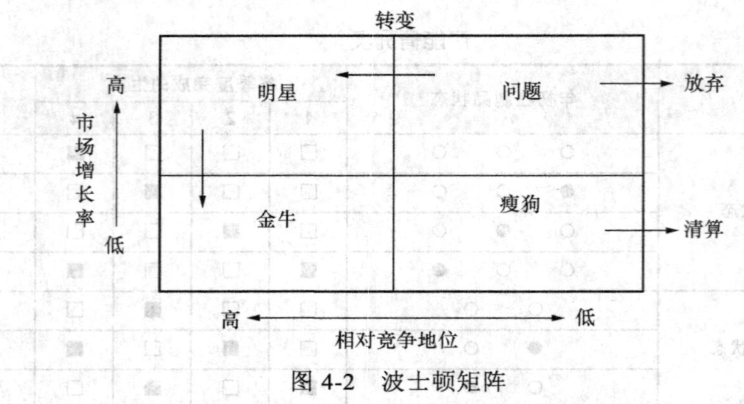

图 4-2 波士顿矩阵

（3）问题产品（Question Marks）是处于高增长率、低市场占有率象限内的产品群。前者说明市场机会大、前景好，后者则说明在市场营销上存在问题。其财务特点是利润率较低，所需资金不足，负债比率高。采用的战略是发展战略。

（4）瘦狗产品（Dogs）也称衰退类产品。它是处在低增长率、低市场占有率象限内的产品群。瘦狗产品的财务特点是利润率低，处于保本或亏损状态，负债比率高，无法为企业带来收益。对这类产品应采用撤退战略或放弃战略。首先应减少批量，逐渐撤退，对那些销售增长率和市场占有率均极低的产品应立即淘汰；其次是将剩余资源向其他产品转移。

第 2 年相关表格如表 4-22～表 4-32 所示。

表 4-22　　第 2 年总经理运行控制表　　金额单位：百万元

序号	请按顺序执行下列各项操作。每执行完一项操作，请总经理在相应的方格内打钩				
	操作项目	1	2	3	4
年初	新年度规划会议				
	参加订货会 / 登记销售订单				
	制订新年度计划				
	支付应付税				
1	季初各要素盘点（请填库存数量）				
2	更新短期贷款 / 还本付息款				
3	申请短期贷款（高利贷）				
4	更新应付款 / 归还应付款				
5	原料入库 / 更新原料订单				
6	下原料订单				
7	更新生产 / 完工入库				
8	新生产线投资 / 变卖 / 转产				
9	向其他企业购买 / 出售原料				
10	开始下一批生产				
11	更新应收款 / 应收款收现				

续表

序号	请按顺序执行下列各项操作。每执行完一项操作，请总经理在相应的方格内打钩				
	操作项目	1	2	3	4
12	出售厂房				
13	向其他企业购买 / 出售成品				
14	按订单交货				
15	产品研发投资				
16	支付行政管理费				
17	其他现金收支情况登记				
18	入库（现金收入）合计				
19	出库（现金支出）合计				
20	本季库存（现金）结余数量				
年末	支付利息 / 更新长期贷款 / 申请长期贷款				
	支付设备维护费				
	支付租金/购买厂房				
	计提折旧				
	新市场开拓 / ISO 资格认证投资				
	结账				

表 4-23 第 2 年财务总监运行控制表 金额单位：百万元

企业经营流程请按顺序执行下列各项操作	每执行完一项操作，财务总监（助理）在方格中填写现金收支情况			
	1	2	3	4
新年度规划会议				
参加订货会/登记销售订单				
制订新年度计划				
支付应付税				
季初现金盘点（请填余额）				
更新短期贷款/还本付息款/申请短期贷款（高利贷）				
更新应付款/归还应付款				
原料入库/更新原料订单				
下原料订单				
更新生产/完工入库				
投资新生产线/变卖生产线/生产线转产				
向其他企业购买原料/出售原料				
开始下一批生产				
更新应收款/应收款收现				
出售厂房				
向其他企业购买成品/出售成品				
按订单交货				
产品研发投资				

续表

企业经营流程请按顺序执行下列各项操作	每执行完一项操作，财务总监（助理）在方格中填写现金收支情况			
	1	2	3	4
支付行政管理费				
其他现金收支情况登记				
支付利息/更新长期贷款/申请长期贷款				
支付设备维护费				
支付租金/购买厂房				
计提折旧				
新市场开拓/ISO 资格认证投资				
结账				
现金收入合计				
现金支出合计				
期末现金对账（请填余额）				

表 4-24　　第 2 年现金预算表　　金额单位：百万元

项目	1 季度	2 季度	3 季度	4 季度
期初库存现金				
支付上年应交税				
市场广告投入				
贴现费用				
利息（短期贷款）				
支付到期短期贷款				
原料采购支付现金				
转产费用				
生产线投资				
工人工资				
产品研发投资				
收到现金前的所有支出				
应收款到期				
支付管理费用				
利息（长期贷款）				
支付到期长期贷款				
设备维护费用				
租金				
购买新厂房				
市场开拓投资				
ISO 认证投资				

续表

项目	1 季度	2 季度	3 季度	4 季度
其他				
库存现金余额				

要点记录

第 1 季度：

第 2 季度：

第 3 季度：

第 4 季度：

年底小结：

表 4-25　　第 2 年订单登记表　　金额单位：百万元

订单号											合计
市场											
产品											
数量											
账期											
销售额											
成本											
毛利											
未售											

表 4-26　　第 2 年产品核算统计表　　金额单位：百万元

项目	P1	P2	P3	P4	合计
数量					
销售额					
成本					
毛利					

表 4-27　　第 2 年综合管理费用明细表　　金额单位：百万元

项目	金额	备注
管理费		
广告费		
保养费		
租金		
转产费		
市场准入开拓		□区域　□国内　□亚洲　□国际
ISO 资格认证		□ISO 9000　□ISO 14000
产品研发		P2（　）P3（　）P4（　）
其他		
合计		

表 4-28　　第 2 年利润表　　金额单位：百万元

项目	上年数	本年数
销售收入		
直接成本		
毛利		
综合费用		
折旧前利润		
折旧		
支付利息前利润		
财务收入/支出		
其他收入/支出		
税前利润		
所得税		
净利润		

表 4-29　　第 2 年资产负债表　　金额单位：百万元

资产	期初数	期末数	负债和所有者权益	期初数	期末数
流动资产：			负债：		
现金			长期负债		
应收款			短期负债		
在制品			应付账款		
成品			应交税金		
原料			一年内到期的长期负债		
流动资产合计			负债合计		
固定资产：			所有者权益：		
土地和建筑			股东资本		
机器与设备			利润留存		
在建工程			年度净利		
固定资产合计			所有者权益合计		
资产总计			负债和所有者权益总计		

表 4-30　　第 2 年产成品台账　　金额单位：百万元

操作顺序	市场总监使用本表记录所管理的产成品库存的变化情况。当执行任务中产成品库存数量发生改变时，请市场总监在相应的单元格内填入出库、入库的产成品数量（以“+”表示入库，以“-”表示出库）。 注：执行步骤按照任务清单的顺序号进行																
	产成品 / 任务清单	1 季度				2 季度				3 季度				4 季度			
		P1	P2	P3	P4	P1	P2	P3	P4	P1	P2	P3	P4	P1	P2	P3	P4
1	季初产成品盘点数量																
2	更新短期贷款 / 还本付息款																
3	申请短期贷款（高利贷）																
4	更新应付款 / 归还应付款																
5	原料入库 / 更新原料订单																

续表

操作顺序	市场总监使用本表记录所管理的产成品库存的变化情况。当执行任务中产成品库存数量发生改变时，请市场总监在相应的单元格内填入出库、入库的产成品数量（以“+”表示入库，以“-”表示出库）。 注：执行步骤按照任务清单的顺序号进行																
	产成品 任务清单	1 季度				2 季度				3 季度				4 季度			
		P1	P2	P3	P4	P1	P2	P3	P4	P1	P2	P3	P4	P1	P2	P3	P4
6	下原料订单																
7	更新生产 / 完工入库																
8	新生产线投资 / 变卖 / 转产																
9	向其他企业购买 / 出售原料																
10	开始下一批生产																
11	更新应收款 / 应收款收现																
12	出售厂房																
13	向其他企业购买 / 出售成品																
14	按订单交货																
15	产品研发投资																
16	支付行政管理费																
17	其他现金收支情况登记																
18	本季产成品入库合计																
19	本季产成品出库合计																
20	季末产成品库存数量																

表 4-31 第 2 年在制品台账 金额单位：百万元

操作顺序	生产总监使用本表记录所管理的生产过程中在制品的变化情况。当执行任务中在制品数量发生改变时，请生产总监在相应的单元格内填入下线、上线的在制品数量（以“+”表示上线，以“-”表示下线）。 注：执行步骤按照任务清单的顺序号进行																
	在制品 任务清单	1 季度				2 季度				3 季度				4 季度			
		P1	P2	P3	P4	P1	P2	P3	P4	P1	P2	P3	P4	P1	P2	P3	P4
1	季初在制品盘点数量																
2	更新短期贷款 / 还本付息款																
3	申请短期贷款（高利贷）																
4	更新应付款 / 归还应付款																
5	原料入库 / 更新原料订单																
6	下原料订单																
7	更新生产 / 完工入库																
8	新生产线投资 / 变卖 / 转产																
9	向其他企业购买 / 出售原料																
10	开始下一批生产																
11	更新应收款 / 应收款收现																
12	出售厂房																
13	向其他企业购买 / 出售成品																
14	按订单交货																

续表

操作顺序	生产总监使用本表记录所管理的生产过程中在制品的变化情况。当执行任务中在制品数量发生改变时，请生产总监在相应的单元格内填入下线、上线的在制品数量（以“+”表示上线，以“-”表示下线）。 注：执行步骤按照任务清单的顺序号进行																
	在制品 任务清单	1季度				2季度				3季度				4季度			
		P1	P2	P3	P4	P1	P2	P3	P4	P1	P2	P3	P4	P1	P2	P3	P4
15	产品研发投资																
16	支付行政管理费																
17	其他现金收支情况登记																
18	本季在制品上线合计																
19	本季在制品下线合计																
20	季末在制品数量																

表 4-32　　第 2 年原料台账　　金额单位：百万元

操作顺序	采购总监使用本表记录所管理的原料库存的变化情况。当执行任务中原料库存数量发生改变时，请采购总监在相应的单元格内填入出库、入库的原料的数量（以“+”表示入库，以“-”表示出库）。 注：执行步骤按照任务清单的顺序号进行																
	原料 任务清单	1季度				2季度				3季度				4季度			
		R1	R2	R3	R4	R1	R2	R3	R4	R1	R2	R3	R4	R1	R2	R3	R4
1	季初原料盘点数量																
2	更新短期贷款 / 还本付息款																
3	申请短期贷款（高利贷）																
4	更新应付款 / 归还应付款																
5	原料入库 / 更新原料订单																
6	下原料订单																
7	更新生产 / 完工入库																
8	新生产线投资 / 变卖 / 转产																
9	向其他企业购买 / 出售原料																
10	开始下一批生产																
11	更新应收款 / 应收款收现																
12	出售厂房																
13	向其他企业购买 / 出售成品																
14	按订单交货																
15	产品研发投资																
16	支付行政管理费																
17	其他现金收支情况登记																
18	本季原料入库合计																
19	本季原料出库合计																
20	季末原料库存数量																

4.4 全成本核算——第 3 年

团队合作完成第 3 年模拟经营，了解企业发展过程中资金的重要性，掌握财务预测和预算的方法，掌握分析企业偿债能力等指标的计算方法。

4.4.1 财务管理的基本知识

1. 财务管理及资本含义

财务管理是以资本收益最大化为目标，对企业资本进行优化配置和有效利用的一种资本运作活动。财务管理的内容包括长期投资决策、长期筹资决策、流动资产管理、财务分析、财务预算等。

资本是指能够在运动中不断增值的价值，表现为企业为进行经营活动所垫支的货币。资本来源的两方面，一是作为债权人所有的债务资本；二是指所有者所有的权益资本。

2. 预算和预算管理

预算是经营决策和长期决策的一种数量表现，即通过有关数据将企业全部经营活动的各项目标具体地、系统地反映出来。预算的作用主要有明确目标、协调平衡、日常控制、业绩评价。常用的预算编制方法有弹性预算、零基预算、概率预算、流动预算。

预算的内容主要包括经营预算、财务预算和专门决策预算。

（1）经营预算是基础，主要包括与企业日常业务直接相关的销售预算、生产预算、直接材料及采购预算、直接人工预算、制造费用预算、产品成本预算、期末存货预算，销售及管理用预算等。其中，销售预算又是经营预算的编制起点。

（2）财务预算是反映企业预算期现金收支、经营成果和财务状况的各项预算，包括现金预算、预计利润表和预计资产负债表。财务预算是为业务预算和专门决策预算而编制的，是整个预算体系的主体。

（3）专门决策预算主要包括根据长期投资决策结论编制的与购置、更新、改造、扩建固定资产决策有关的资本支出预算，与资源开发、产品改造和新产品试制有关的生产经营决策预算等。

4.4.2 经典财务分析方法

1. 五力分析

五力包括收益力、成长力、安定力、活动力、生产力 5 个方面。

（1）收益力。表明企业是否具有赢利的能力，主要从毛利率、销售利润率、总资产收益率、净资产收益 4 个指标入手进行定量分析。

毛利率=（销售收入-直接成本）/销售收入

销售利润率=（折旧前利润或销售收入毛利-综合费用）/销售收入

总资产收益率=净利润/总资产

净资产收益率=净利润/权益

（2）成长力。表示企业是否具有成长的潜力，即持续赢利能力，主要从销售收入增长率、利润增长率和净资产增长率 3 个指标进行分析。

销售收入增长率=（本期销售收入-上期销售收入）/上期销售收入

利润增长率=（本期息前利润-上期息前利润）/上期息前利润

净资产增长率=（本期净资产-上期净资产）/上期净资产

（3）安定力。这是衡量企业财务状况是否稳定、会不会有财务危机的指标，其由流动比率、速动比率、固定长期适合率、资产负债率构成。

流动比率=流动资产/流动负债

速动比率=速动资产/流动负债=（流动资产-在制品-产成品-原材料）/流动负债

固定长期适合率=固定资产/（长期负债+所有者权益）

资产负债率=负债/资产

（4）活动力。从企业资产的管理能力对企业的经营业绩进行的评价，主要包括应收账款周转率、存货周转率、固定资产周转率和总资产周转率。

应收账款周转率=当期销售净额/[（期初应收账款+期末应收账款）/2]

存货周转率=当期销售成本/[（期初存货余额+期末存货余额）/2]

固定资产周转率=当期销售净额/[（期初固定资产余额+期末固定资产余额）/2]

总资产周转率=当期销售净额/[（期初资产总额+期末资产总额）/2]

（5）生产力。衡量人力资源的产出能力的指标，主要从人均利润和人均销售收入两个指标分析。

人均利润=当期利润总额/[（期初职工人数+期末职工人数）/2]

人均销售收入=当期销售净额/[（期初职工人数+期末职工人数）/2]

2. 杜邦分析法

杜邦分析法是利用几种主要的财务比率之间的关系，综合地分析企业的财务状况的一种方法。具体来说，它是用来评价公司赢利能力和股东权益回报水平，从财务角度评价企业绩效的一种经典方法。其基本思想是将企业净资产收益率逐级分解为多项财务比率乘积，这样有助于深入分析、比较企业经营业绩。由于这种分析方法最早由美国杜邦公司使用，故名杜邦分析法。

杜邦分析法中的几种主要的财务指标关系如下。

净资产收益率=资产净利率（净利润/总资产）×权益系数（总资产/总权益资本）

资产净利率（净利润/总资产）=销售净利率（净利润/总收入）×资产周转率（总收入/总资产）

净资产收益率=销售净利率（NPM）×资产周转率（AU，资产利用率）×权益乘数（EM）

在杜邦体系中，有以下几种主要的指标关系。

（1）净资产收益率是整个分析系统的起点和核心。该指标的高低反映了投资者的净资产获利能力的大小。净资产收益率是由销售报酬率、总资产周转率和权益乘数决定的。

（2）权益系数表明了企业的负债程度。该指标越大，企业的负债程度越高，它是资产权益率的倒数。

（3）净资产收益率是销售利润率和总资产周转率的乘积，是企业销售成果和资产运营的综合反映，要提高总资产收益率，必须增加销售收入，降低资金占用额。

（4）资产周转率反映企业资产实现销售收入的综合能力。分析时，必须综合销售收入分析企业资产结构是否合理，即流动资产和长期资产的结构比率关系。同时，还要分析流动资产周转率、存货周转率、应收账款周转率等有关资产使用效率指标，找出总资产周转率高低变化的确切原因。

3. 全成本核算分析

企业经营的本质是获取利润，实现股东权益最大化，获取利润的途径是扩大销售或降低成本。在“ERP 沙盘模拟”经营从销售收入中扣除直接成本、综合费用、折旧、利息后可得到税前利润。费用主要由广告费用、市场开拓与认证、维修和租金、直接成本、研发费用、财务费用、行政管理费用等组成。

（1）广告费用分析。广告效益不好的原因主要有市场定位不清晰（没有进入毛利大、数量大的市场，订单不足，造成销售额过小）、产品定位不准（低端产品过多）、对竞争对手分析不足（缺乏对策造成“优势订单”流失或者成为盲目的“标王”）、缺乏费用预算控制（广告预算应控制在总计划销售额的 10%左右）。

广告费用效益的优劣评价原则是用最小的广告投入拿回价格恰当、满足可销售量的销售订单。

（2）市场开拓与 ISO 资格认证费用分析。市场开拓与 ISO 资格认证费用分析，效益不好的原因与广告费用分析情况相同。

（3）设备维修与厂方租金费用分析。设备维修与厂方租金费用效益不好的原因主要有缺乏生产线投资回报意识、误解资产与费用的关系。提高效益的方法是淘汰产能低的生产线，特别是手工生产线；充分利用融资手段，购买厂房，降低租金。

（4）直接成本因素分析。直接成本效益不好的原因主要有生产加工费用考虑不周，手工生产线生产高端产品时加工费用很大，生产高端产品不应使用手工生产线或半自动生产线；原材料采购批次计算不准，考虑经济批量采购；订单价格的忽视，在选择订单时未考虑订单的价格。

（5）研发因素分析。研发因素效益不好的原因是产品定位不准、资源使用过于分散。应当不同时期定位不同的主打产品。

（6）财务费用因素分析。财务费用效益不好的原因是融资策略失当，没有财务杠杆意识，过多使用长期贷款甚至高利贷；现金控制意识缺乏，未理解“现金”为王的理念，在现金缺乏时过多使用贴现。

（7）行政管理费用因素分析。此项费用是固定费用，故造成此项费用效益不好原因只有 1 个，即销售额过低。

（8）全成本核算分析。将各项费用的成本分摊累加，就形成了全成本核算数据。

第 3 年相关表格如表 4-33～表 4-43 所示。

表 4-33　　　　第 3 年总经理运行控制表　　　　金额单位：百万元

序号	请按顺序执行下列各项操作。每执行完一项操作，请总经理在相应的方格内打钩				
	操作项目	1	2	3	4
年初	新年度规划会议				
	参加订货会 / 登记销售订单				
	制订新年度计划				
	支付应付税				
1	季初各要素盘点（请填库存数量）				
2	更新短期贷款 / 还本付息				
3	申请短期贷款（高利贷）				
4	更新应付款 / 归还应付款				
5	原料入库 / 更新原料订单				
6	下原料订单				
7	更新生产 / 完工入库				
8	新生产线投资 / 变卖 / 转产				
9	向其他企业购买 / 出售原材料				
10	开始下一批生产				
11	更新应收款 / 应收款收现				
12	出售厂房				
13	向其他企业购买 / 出售成品				
14	按订单交货				
15	产品研发投资				
16	支付行政管理费				
17	其他现金收支情况登记				
18	入库（现金收入）合计				
19	出库（现金支出）合计				
20	本季库存（现金）结余数量				
年末	支付利息 / 更新长期贷款 / 申请长期贷款				
	支付设备维护费				
	支付租金/购买厂房				
	计提折旧				
	新市场开拓 / ISO 资格认证投资				
	结账				

表 4-34　　　　第 3 年财务总监运行控制表　　　　金额单位：百万元

企业经营流程请按顺序执行下列各项操作	每执行完一项操作，财务总监（助理）在方格中填写现金收支情况			
	1	2	3	4
新年度规划会议				
参加订货会/登记销售订单				
制订新年度计划				

续表

企业经营流程请按顺序执行下列各项操作	每执行完一项操作，财务总监（助理）在方格中填写现金收支情况			
	1	2	3	4
支付应付税				
季初现金盘点（请填余额）				
更新短期贷款/还本付息/申请短期贷款（高利贷）				
更新应付款/归还应付款				
原料入库/更新原料订单				
下原料订单				
更新生产/完工入库				
投资新生产线/变卖生产线/生产线转产				
向其他企业购买原材料/出售原料				
开始下一批生产				
更新应收款/应收款收现				
出售厂房				
向其他企业购买成品/出售成品				
按订单交货				
产品研发投资				
支付行政管理费				
其他现金收支情况登记				
支付利息/更新长期贷款/申请长期贷款				
支付设备维护费				
支付租金/购买厂房				
计提折旧				
新市场开拓 / ISO 资格认证投资				
结账				
现金收入合计				
现金支出合计				
期末现金对账（请填余额）				

表 4-35　　第 3 年现金预算表　　金额单位：百万元

项目	1 季度	2 季度	3 季度	4 季度
期初库存现金				
支付上年应交税				
市场广告投入				
贴现费用				
利息（短期贷款）				
支付到期短期贷款				
原料采购支付现金				
转产费用				
生产线投资				

续表

项目	1 季度	2 季度	3 季度	4 季度
工人工资				
产品研发投资				
收到现金前的所有支出				
应收款到期				
支付管理费用				
利息（长期贷款）				
支付到期长期贷款				
设备维护费用				
租金				
购买新厂房				
市场开拓投资				
ISO 认证投资				
其他				
库存现金余额				

要点记录

第 1 季度：__________

第 2 季度：__________

第 3 季度：__________

第 4 季度：__________

年底小结：__________

表 4-36　第 3 年订单登记表　金额单位：百万元

订单号											合计
市场											
产品											
数量											
账期											
销售额											
成本											
毛利											
未售											

表 4-37　第 3 年产品核算统计表　金额单位：百万元

项目	P1	P2	P3	P4	合计
数量					
销售额					
成本					
毛利					

表 4-38　　第 3 年综合管理费用明细表　　金额单位：百万元

项目	金额	备注
管理费		
广告费		
保养费		
租金		
转产费		
市场准入开拓		□区域　□国内　□亚洲　□国际
ISO 资格认证		□ISO 9000　□ISO 14000
产品研发		P2（　　）P3（　　）P4（　　）
其他		
合计		

表 4-39　　第 3 年利润表　　金额单位：百万元

项目	上年数	本年数
销售收入		
直接成本		
毛利		
综合费用		
折旧前利润		
折旧		
支付利息前利润		
财务收入/支出		
其他收入/支出		
税前利润		
所得税		
净利润		

表 4-40　　第 3 年资产负债表　　金额单位：百万元

资产	期初数	期末数	负债和所有者权益	期初数	期末数
流动资产：			负债：		
现金			长期负债		
应收款			短期负债		
在制品			应付账款		
成品			应交税金		
原料			一年内到期的长期负债		
流动资产合计			负债合计		
固定资产：			所有者权益：		
土地和建筑			股东资本		
机器与设备			利润留存		
在建工程			年度净利		
固定资产合计			所有者权益合计		
资产总计			负债和所有者权益总计		

表 4-41　　第 3 年产成品台账　　金额单位：百万元

操作顺序	市场总监使用本表记录所管理的产成品库存的变化情况。当执行任务中产成品库存数量发生改变时，请市场总监在相应的单元格内填入出库、入库的产成品数量（以"+"表示入库，以"-"表示出库）。注：执行步骤按照任务清单的顺序号进行																
	产成品 / 任务清单	1 季度				2 季度				3 季度				4 季度			
		P1	P2	P3	P4	P1	P2	P3	P4	P1	P2	P3	P4	P1	P2	P3	P4
1	季初产成品盘点数量																
2	更新短期贷款 / 还本付息款																
3	申请短期贷款（高利贷）																
4	更新应付款 / 归还应付款																
5	原料入库 / 更新原料订单																
6	下原料订单																
7	更新生产 / 完工入库																
8	新生产线投资 / 变卖 / 转产																
9	向其他企业购买 / 出售原料																
10	开始下一批生产																
11	更新应收款 / 应收款收现																
12	出售厂房																
13	向其他企业购买 / 出售成品																
14	按订单交货																
15	产品研发投资																
16	支付行政管理费																
17	其他现金收支情况登记																
18	本季产成品入库合计																
19	本季产成品出库合计																
20	季末产成品库存数量																

表 4-42　　第 3 年在制品台账　　金额单位：百万元

操作顺序	生产总监使用本表记录所管理的生产过程中在制品的变化情况。当执行任务中在制品数量发生改变时，请生产总监在相应的单元格内填入下线、上线的在制品数量（以"+"表示上线，以"-"表示下线）。注：执行步骤按照任务清单的顺序号进行																
	在制品 / 任务清单	1 季度				2 季度				3 季度				4 季度			
		P1	P2	P3	P4	P1	P2	P3	P4	P1	P2	P3	P4	P1	P2	P3	P4
1	季初在制品盘点数量																
2	更新短期贷款 / 还本付息款																
3	申请短期贷款（高利贷）																
4	更新应付款 / 归还应付款																
5	原料入库 / 更新原订单																
6	下原料订单																
7	更新生产 / 完工入库																
8	新生产线投资 / 变卖 / 转产																

续表

操作顺序	生产总监使用本表记录所管理的生产过程中在制品的变化情况。当执行任务中在制品数量发生改变时，请生产总监在相应的单元格内填入下线、上线的在制品数量（以“+”表示上线，以“-”表示下线）。 注：执行步骤按照任务清单的顺序号进行																
	在制品 任务清单	1 季度				2 季度				3 季度				4 季度			
		P1	P2	P3	P4	P1	P2	P3	P4	P1	P2	P3	P4	P1	P2	P3	P4
9	向其他企业购买 / 出售原材料																
10	开始下一批生产																
11	更新应收款 / 应收款收现																
12	出售厂房																
13	向其他企业购买 / 出售成品																
14	按订单交货																
15	产品研发投资																
16	支付行政管理费																
17	其他现金收支情况登记																
18	本季在制品上线合计																
19	本季在制品下线合计																
20	季末在制品数量																

表 4-43　　第 3 年原材料台账　　金额单位：百万元

操作顺序	采购总监使用本表记录所管理的原材料库存的变化情况。当执行任务中原材料库存数量发生改变时，请采购总监在相应的单元格内填入出库、入库的原材料的数量（以“+”表示入库，以“-”表示出库）。 注：执行步骤按照任务清单的顺序号进行																
	原料 任务清单	1 季度				2 季度				3 季度				4 季度			
		R1	R2	R3	R4	R1	R2	R3	R4	R1	R2	R3	R4	R1	R2	R3	R4
1	季初原料盘点数量																
2	更新短期贷款 / 还本付息																
3	申请短期贷款（高利贷）																
4	更新应付款 / 归还应付款																
5	原料入库 / 更新原料订单																
6	下原料订单																
7	更新生产 / 完工入库																
8	新生产线投资 / 变卖 / 转产																
9	向其他企业购买 / 出售原料																
10	开始下一批生产																
11	更新应收款 / 应收款收现																
12	出售厂房																
13	向其他企业购买 / 出售成品																
14	按订单交货																
15	产品研发投资																
16	支付行政管理费																

续表

操作顺序	采购总监使用本表记录所管理的原材料库存的变化情况。当执行任务中原材料库存数量发生改变时，请采购总监在相应的单元格内填入出库、入库的原材料的数量（以“+”表示入库，以“-”表示出库）。 注：执行步骤按照任务清单的顺序号进行																
	原料 / 任务清单	1季度				2季度				3季度				4季度			
		R1	R2	R3	R4	R1	R2	R3	R4	R1	R2	R3	R4	R1	R2	R3	R4
17	其他现金收支情况登记																
18	本季原料入库合计																
19	本季原料出库合计																
20	季末原料库存数量																

4.5 科学管理时代——第4年

团队合作完成第4年模拟经营，掌握生产投资决策的方法。

4.5.1 生产管理

1. 生产管理的含义

生产管理是指对一个生产系统的设计、运作、评价和改进的管理，它是从有形产品和无形产品的研究开发到加工制造、销售、服务、回收、废弃的全寿命过程所做的系统管理。

2. 制造企业基本的生产经营活动

制订经营方针和目标、技术活动、供应活动、加工制造活动、销售活动、财务活动。

3. 产品及产品战略

产品是能够提供给市场进行交换，供人们使用或消费，并能够满足人们某种欲望或需要的任何东西。整体产品包含3个层次：核心产品、形式产品和延伸产品。

产品战略是指企业生产何种产品或生产哪些不同的产品去满足目标市场顾客的需求，并为实现企业总体经营战略所确定的目标而做出的长远性规划与方略。

4. 新产品开发

新产品类型包括全新产品、革新产品、改进新产品、市场重定位产品等。新产品开发过程包括构思形成、构思筛选、概念的形成和测试、市场营销战略的制订、商业分析、产品开发、市场试销、正式上市等步骤。

5. 生产能力

生产能力是指企业在一定时期内，在合理的、正常的技术组织条件下，所能生产的一定种类产品的最大数量。扩大企业的生产能力有激进型策略和保守型策略两种策略。

4.5.2 生产线投资决策

沙盘模拟实训前期看资金，后期看产能。不同类型生产线的主要区别在于生产效率和灵活性不同。生产效率是指单位时间内生产产品的数量，用产能表示；灵活性是指转产生产新产品时设备调整的难易性，主要由转产费用的高低和转产周期的长短决定。

用新生产线生产不同产品的分析，可以以投资回收期为依据。

投资回收期=安装时间+投入/（毛利−维修费−利息）

4.5.3 生产计划和原料订购计划的决策

获取订单后，就可编制生产计划和原料订购计划，两者可以同时编制。

以生产 P2 为例，其物料清单（BOM）为 R2+R3，其中，订货提前期为 1 季，R3 为 2 季。假设手工线（生产周期为 3）第 3 季开始下一批生产，则第 2 季订一个 R2，第 1 季订 1 个 R3；第 6 季（即第 2 年的第 2 季）开始新一批的生产，需要在第 5 季（第 2 年的第 1 季）订 1 个 R2，第 4 季订 1 个 R3。依此类推，可以根据生产线类型（半自动线、自动线假设生产周期分别为 2、1）及生产产品类型计算出何时订购、订购多少，如表 4-44 所示。

表 4-44 生产计划与原料订购计划

状态 \ 时间		第 1 季度	第 2 季度	第 3 季度	第 4 季度	第 5 季度	第 6 季度
手工线	产品下线并开始新生产			■			■
	原料订购	R3	R2		R3	R2	
半自动线	产品下线并开始新生产		■		■		■
	原料订购	R2	R3	R2	R3	R2	
自动线	产品下线并开始新生产	■	■	■	■	■	■
	原料订购	R2+R3	R2+R3	R2+R3	R2+R3	R2	
合计		2R2+2R3	2R2+2R3	2R2+R3	R2+3R3	3R2	

注：年初生产线有在制品在 IQ 位置。

4.5.4 如何管理资金——现金为王

以下是 ERP 沙盘经营中经常遇到的情况。

1. 库存资金越多越好吗

库存资金并不是越多越好。资金如果够用，甚至越少越好。资金的来源途径有 3 个：一是销售利润，二是股东投资，三是银行贷款。但银行贷款、股东投资均需支付相应利息（股息），即使是销售利润存在银行也有存款利息。

2. 现金不少，但为什么破产了

企业破产的原因主要有两种情况：一是权益为负，二是资金断流。现金尚多却破产，必然是权益为负。权益和资金的关系从短期来看，资金越多，需付出的资金成本越多，本年权益就会降低；但从长期来看，权益高了，能够多从银行贷款。在实际经营中要把握贷款额度，以免因权益为负而破产。

3. 什么时候举债适合

“在权益较大时多借点，以免权益降低时借不到”的观点是有一定局限性的。企业不能盲目借款，造成资金浪费，甚至会有较高的财务费用，造成资金紧张，不能还本付息。

通过以上分析可以看出资金管理对企业经营的重要性。资金是企业日常经营的“血液”，断流一天都不可。如果将可能涉及资金流入、流出的业务汇总后，发现基本上涵盖了所有的业务。如果将下一年度可能的发生额填入表中，就形成了资金预算表。资金预算和销售计划、生产计划、采购计划综合合作，既保证各计划正常执行，不产生浪费（如库存积压、生产线停产、盲目超前投资等），同时也不能发生资金断流，造成破产出局。

4.5.5 用数字说话——找出不赚钱的原因

表 4-45 和表 4-46 所示分别是某企业 6 年综合费用表，利润表（数据来源于电子沙盘，初始现金为 60M）。

表 4-45　某企业综合费用表　金额单位：百万元

项目/年度	管理费	广告费	维修费	损失	转产费	厂房租金	新市场开拓	产品研发	信息费	合计
第 1 年	4	0	0	0	0	5	3	1	4	17
第 2 年	4	6	3	7	0	5	1	1	3	30
第 3 年	4	9	5	0	0	5	0	0	3	26
第 4 年	4	8	5	0	0	5	0	0	0	22
第 5 年	4	12	5	0	0	5	0	0	0	26
第 6 年	4	14	5	0	0	5	0	0	0	28

表 4-46　某企业利润表　金额单位：百万元

项目/年度	销售收入	直接成本	毛利	综合费用	折旧前利润	折旧	支付利息前利润	财务费用	税前利润	所得税	年度净利润
第 1 年	0	0	0	17	−17	0	−17	0	−17	0	−17
第 2 年	39	18	21	30	−9	0	−9	4	−13	0	−13
第 3 年	85	33	52	26	26	10	16	12	4	0	4
第 4 年	113	46	67	22	45	16	29	17	12	0	12
第 5 年	163	75	88	26	62	16	46	10	36	5	31
第 6 年	137	67	70	28	42	16	26	12	14	3	11

我们发现，该企业除第五年以外，其余年份业绩平常，从第 3 年起，销售收入增长较快，但利润增长乏力。干得挺辛苦，就是不赚钱。

1. 全成本分析——钱花哪儿了

我们企业各年度成本汇总，1 代表当年的销售额，各方块表示各类成本分摊比例。如果当年各方块累加高度大于，表示亏钱；低于 1 表示盈利。

考虑到第 1 年没有销售，因此列出的数据从第 2 年起；经营费=综合费用+管理费+广告费。第二年经营费较高，主要因为出现 7M 损失，查找经营记录，原来是高价向其他企业采购 3 个 P2，看来选单发生了重要失误或者生产和销售没有衔接好。直接成本也较高，主要是因为订单的利润也不好。

第 3 年、第 4 年经营基本正常，也开始略有盈利，企业逐步走上正轨，但是财务费用较高，看来资金把控能力还不足。

第 5 年利润较好，但直接成本较高，毛利率不理想，看来对市场研究还不透。

第 6 年广告有问题，其效果还不如第 5 年，毛利率也不理想。

2. 产品贡献度——产什么合算

我们将各类成本按产品分类，这里要注意，经营费、财务费用的分摊比例并不是非常明确，可以根据经验来确定。

我们发现 P2 比 P3 赚钱，P3 的直接成本高，看来产品的毛利润不理想；同时分摊的折旧比例较高，主要是因为生产 P3 生产线的建成时机不好，选在第 3 年第 4 季建成，导致无形中多提了 1 年折旧，可以考虑缓建 1 季，省 1 年折旧。

3. 量本利分析——产多少才赚钱

销售额和销售数量成正比。而企业成本支出分为固定成本和变动成本两部分，固定成本和销售数量无关，如综合费用、折旧、利息等。成本曲线和销售金额曲线交点即盈亏平衡点。通过该图，我们可以分析出，盈利不佳，是因为成本过高或产量不足。

第 4 年相关表格如表 4-47～表 4-57 所示。

表 4-47　　第 4 年总经理运行控制表　　金额单位：百万元

序号	请按顺序执行下列各项操作。每执行完一项操作，请总经理在相应的方格内打钩				
	操作项目	1	2	3	4
年初	新年度规划会议				
	参加订货会 / 登记销售订单				
	制订新年度计划				
	支付应付税				
1	季初各要素盘点（请填库存数量）				
2	更新短期贷款 / 还本付息款				
3	申请短期贷款（高利贷）				
4	更新应付款 / 归还应付款				

续表

序号	请按顺序执行下列各项操作。每执行完一项操作，请总裁在相应的方格内打钩				
	操作项目	1	2	3	4
5	原料入库 / 更新原料订单				
6	下原料订单				
7	更新生产 / 完工入库				
8	新生产线投资 / 变卖 / 转产				
9	向其他企业购买 / 出售原料				
10	开始下一批生产				
11	更新应收款 / 应收款收现				
12	出售厂房				
13	向其他企业购买 / 出售成品				
14	按订单交货				
15	产品研发投资				
16	支付行政管理费				
17	其他现金收支情况登记				
18	入库（现金收入）合计				
19	出库（现金支出）合计				
20	本季库存（现金）结余数量				
年末	支付利息 / 更新长期贷款 / 申请长期贷款				
	支付设备维护费				
	支付租金/购买厂房				
	计提折旧				
	新市场开拓 / ISO资格认证投资				
	结账				

表 4-48　　第 4 年财务总监运行控制表　　金额单位：百万元

企业经营流程请按顺序执行下列各项操作	每执行完一项操作，财务总监（助理）在方格中填写现金收支情况			
	1	2	3	4
新年度规划会议				
参加订货会/登记销售订单				
制订新年度计划				
支付应付税				
季初现金盘点（请填余额）				
更新短期贷款/还本付息款/申请短期贷款（高利贷）				
更新应付款/归还应付款				
原料入库/更新原料订单				
下原料订单				
更新生产/完工入库				
投资新生产线/变卖生产线/生产线转产				
向其他企业购买原料/出售原料				

续表

企业经营流程请按顺序执行下列各项操作	每执行完一项操作，财务总监（助理）在方格中填写现金收支情况			
	1	2	3	4
开始下一批生产				
更新应收款/应收款收现				
出售厂房				
向其他企业购买成品/出售成品				
按订单交货				
产品研发投资				
支付行政管理费				
其他现金收支情况登记				
支付利息/更新长期贷款/申请长期贷款				
支付设备维护费				
支付租金/购买厂房				
计提折旧				
新市场开拓/ISO 资格认证投资				
结账				
现金收入合计				
现金支出合计				
期末现金对账（请填余额）				

表 4-49 第 4 年现金预算表 金额单位：百万元

项目	1 季度	2 季度	3 季度	4 季度
期初库存现金				
支付上年应交税				
市场广告投入				
贴现费用				
利息（短期贷款）				
支付到期短期贷款				
原料采购支付现金				
转产费用				
生产线投资				
工人工资				
产品研发投资				
收到现金前的所有支出				
应收款到期				
支付管理费用				
利息（长期贷款）				
支付到期长期贷款				
设备维护费用				
租金				

续表

项目	1 季度	2 季度	3 季度	4 季度
购买厂房				
市场开拓投资				
ISO 资格认证投资				
其他				
库存现金余额				

要点记录

第 1 季度：

第 2 季度：

第 3 季度：

第 4 季度：

年底小结：

表 4-50　　第 4 年订单登记表　　金额单位：百万元

订单号	1	2	3	4	5	6	7	8	9	10	合计
市场											
产品											
数量											
账期											
销售额											
成本											
毛利											
未售											

表 4-51　　第 4 年产品核算统计表　　金额单位：百万元

项目	P1	P2	P3	P4	合计
数量					
销售额					
成本					
毛利					

表 4-52　　第 4 年综合管理费用明细表　　金额单位：百万元

项目	金额	备注
管理费		
广告费		
保养费		
租金		
转产费		
市场准入开拓		□区域　□国内　□亚洲　□国际
ISO 资格认证投资		□ISO 9000　□ISO 14000

续表

项目	金额	备注
产品研发		P2（ ） P3（ ） P4（ ）
其他		
合计		

表 4-53　　第 4 年利润表　　金额单位：百万元

项目	上年数	本年数
销售收入		
直接成本		
毛利		
综合费用		
折旧前利润		
折旧		
支付利息前利润		
财务收入/支出		
其他收入/支出		
税前利润		
所得税		
净利润		

表 4-54　　第 4 年资产负债表　　金额单位：百万元

资产	期初数	期末数	负债和所有者权益	期初数	期末数
流动资产：			负债：		
现金			长期负债		
应收款			短期负债		
在制品			应付账款		
成品			应交税金		
原料			一年内到期的长期负债		
流动资产合计			负债合计		
固定资产：			所有者权益：		
土地和建筑			股东资本		
机器与设备			利润留存		
在建工程			年度净利		
固定资产合计			所有者权益合计		
资产总计			负债和所有者权益总计		

表 4-55　　第 4 年产成品台账　　金额单位：百万元

操作顺序	市场总监使用本表记录所管理的产成品库存的变化情况。当执行任务中产成品库存数量发生改变时，请市场总监在相应的单元格内填入出库、入库的产成品数量（以“+”表示入库，以“-”表示出库）。注：执行步骤按照任务清单的顺序号进行																
	产成品 / 任务清单	1 季度				2 季度				3 季度				4 季度			
		P1	P2	P3	P4	P1	P2	P3	P4	P1	P2	P3	P4	P1	P2	P3	P4
1	季初产成品盘点数量																
2	更新短期贷款 / 还本付息款																
3	申请短期贷款（高利贷）																
4	更新应付款 / 归还应付款																
5	原料入库 / 更新原料订单																
6	下原料订单																
7	更新生产 / 完工入库																
8	新生产线投资 / 变卖 / 转产																
9	向其他企业购买 / 出售原料																
10	开始下一批生产																
11	更新应收款 / 应收款收现																
12	出售厂房																
13	向其他企业购买 / 出售成品																
14	按订单交货																
15	产品研发投资																
16	支付行政管理费																
17	其他现金收支情况登记																
18	本季产成品入库合计																
19	本季产成品出库合计																
20	季末产成品库存数量																

表 4-56　　第 4 年在制品台账　　金额单位：百万元

操作顺序	生产总监使用本表记录所管理的生产过程中在制品的变化情况。当执行任务中在制品数量发生改变时，请生产总监在相应的单元格内填入下线、上线的在制品数量（以“+”表示上线，以“-”表示下线）。注：执行步骤按照任务清单的顺序号进行																
	在制品 / 任务清单	1 季度				2 季度				3 季度				4 季度			
		P1	P2	P3	P4	P1	P2	P3	P4	P1	P2	P3	P4	P1	P2	P3	P4
1	季初在制品盘点数量																
2	更新短期贷款 / 还本付息款																
3	申请短期贷款（高利贷）																
4	更新应付款 / 归还应付款																
5	原材料入库 / 更新原料订单																
6	下原料订单																
7	更新生产 / 完工入库																
8	新生产线投资 / 变卖 / 转产																
9	向其他企业购买 / 出售原料																

续表

操作顺序	生产总监使用本表记录所管理的生产过程中在制品的变化情况。当执行任务中在制品数量发生改变时，请生产总监在相应的单元格内填入下线、上线的在制品数量（以“+”表示上线，以“-”表示下线）。 注：执行步骤按照任务清单的顺序号进行																
	在制品 / 任务清单	1 季度				2 季度				3 季度				4 季度			
		P1	P2	P3	P4	P1	P2	P3	P4	P1	P2	P3	P4	P1	P2	P3	P4
10	开始下一批生产																
11	更新应收款 / 应收款收现																
12	出售厂房																
13	向其他企业购买 / 出售成品																
14	按订单交货																
15	产品研发投资																
16	支付行政管理费																
17	其他现金收支情况登记																
18	本季在制品上线合计																
19	本季在制品下线合计																
20	季末在制品数量																

表 4-57　　第 4 年原材料台账　　金额单位：百万元

操作顺序	采购总监使用本表记录所管理的原材料库存的变化情况。当执行任务中原材料库存数量发生改变时，请采购总监在相应的单元格内填入出库、入库的原材料的数量（以“+”表示入库，以“-”表示出库）。 注：执行步骤按照任务清单的顺序号进行																
	原料 / 任务清单	1 季度				2 季度				3 季度				4 季度			
		R1	R2	R3	R4	R1	R2	R3	R4	R1	R2	R3	R4	R1	R2	R3	R4
1	季初原材料盘点数量																
2	更新短期贷款 / 还本付息款																
3	申请短期贷款（高利贷）																
4	更新应付款 / 归还应付款																
5	原料入库 / 更新原料订单																
6	下原料订单																
7	更新生产 / 完工入库																
8	新生产线投资 / 变卖 / 转产																
9	向其他企业购买 / 出售原料																
10	开始下一批生产																
11	更新应收款 / 应收款收现																
12	出售厂房																
13	向其他企业购买 / 出售成品																
14	按订单交货																
15	产品研发投资																
16	支付行政管理费																

续表

操作顺序	采购总监使用本表记录所管理的原材料库存的变化情况。当执行任务中原材料库存数量发生改变时，请采购总监在相应的单元格内填入出库、入库的原材料的数量（以“+”表示入库，以“-”表示出库）。 注：执行步骤按照任务清单的顺序号进行																
	原料	1季度				2季度				3季度				4季度			
	任务清单	R1	R2	R3	R4	R1	R2	R3	R4	R1	R2	R3	R4	R1	R2	R3	R4
17	其他现金收支情况登记																
18	本季原料入库合计																
19	本季原料出库合计																
20	季末原料库存数量																

4.6 人力资源管理——第5年

团队合作完成第5年模拟经营，了解团队、团队建设的含义，掌握在团队进行有效激励以及解决团队冲突的方法。

4.6.1 企业文化与人力资源管理

1. 企业文化

企业文化是所有团队成员共享并传承给新成员的一套价值观、共同愿景、使命及思维方式。它代表了组织中被广泛接受的思维方式、道德观念和行为准则。

2. 人力资源管理

人力资源管理是指根据企业发展战略的要求，有计划地对人力资源进行合理配置，它是企业的一系列人力资源政策以及相应的管理活动。人力资源管理主要包括企业人力资源战略的制订、员工的招募与选拔、培训与开发、绩效管理、薪酬管理、员工流动管理、员工关系管理、员工安全与健康管理等，即企业运用现代管理方法，在选人、育人、留人、用人等方面进行计划、组织、指挥、控制和协调等一系列活动，并最终实现企业发展目标的一种管理行为。

4.6.2 岗位评价

目前的沙盘比赛都是对企业的整体经营业绩进行积分评价。这种评价可以展现整个小组的经营业绩，但小组成员如何评价，特别是与其他小组相应成员如何进行比较是个难题。

1. 市场总监评价

（1）成本控制因素：用“广告费用／销售额”及“所接订单直接成本／销售额”来衡量，两个指标越小，说明市场总监策划的广告效果越好。

（2）现金流配合意识：可以从应收款比率与销售收益率两方面来考虑。应收款比率指应收款在流动资产中所占的比率，太大意味着资金风险大，说明在选择订单时账期考虑欠周；销售收益率指当年销售额转化为现金的比率，转化率越高，说明订单选择越优。

（3）市场份额：各组销售所占市场份额比率可以反映市场开拓、ISO 认证的意识和效果；至于产能、研发、现金流控制等因素，则可划归为“团队合作”评价。

（4）客户满意度：有关客户满意度的评价可以用“当年未交货订单”的金额或者数量进行评价。至于产能、生产计划、采购计划、研发等影响因素，则可划归为“团队合作”评价。

（5）市场定位准确性：可以用各队在各个市场份额的排名情况来判定。在某个市场的份额排名越靠前，则认为其定位准确性越高。

2. 财务总监的评价

（1）财务成本控制：该因素主要涉及长短期贷款利息、应收款贴息等。财务成本大说明该财务总监的融资意识、现金流控制意识比较差。

（2）现金流控制：该因素主要考虑上节所述安定力因素（如速动比率），体现财务总监现金流控制意识。

（3）财务杠杆意识：主要指能否正确运用贷款来提高股东回报率。

（4）费用控制意识：主要体现在各项费用投资的回报率上，如研发投资的回报率。当然，该指标与其他岗位因素有密切的关系，可将其划归为“团队合作”因素评价。

3. 生产总监评价

（1）产能计算意识：这是生产总监的基本职能，可以能否在运营过程中进行正确的产能计算为依据来判定其管理意识是否清晰。

（2）产品库存控制：若累计库存过大，势必会造成“资金不合理占用”、采购计划不精准、资金周转率不高等。

（3）费用控制：该因素主要体现在研发投资回报、生产线建设投资回收期、厂房租金成本、生产线转产成本等方面。

4. 采购总监评价

（1）原料计算的准确性：这是采购总监的基本职能，可以能否在运营过程中进行正确的产能计算为依据来判定其管理意识是否清晰。

（2）原料库存的控制：能否控制原料库存，使其既能保证正常生产和转产等方面的需要，又不会积压。

5. 总经理 CEO 评价

CEO 应当对整体经营负责，所以对 CEO 的评价因素应当包含以下几个方面。

（1）股东满意度：最后的各小组根据公式“总成绩=所有者权益×（1+企业综合发展潜力 / 100）-罚分”计算分数，可以作为股东满意度的最终指标，且是核心指标。

（2）总成本控制：所有费用的成本分摊累计可以作为 CEO 的一个评价因素。尽管费用成本与各岗位职责相关，但最终决策是得到 CEO 认同的。因此，CEO 必须对最终总成本负责。

（3）团队合作：可以将各小组内表现最差岗位与最佳岗位之落差作为评价指标。CEO 的责任之一就是不断改进，使小组的最“短板”得到提高，以此来提高整个团队的业绩。

（4）企业成长：资产规模的增长情况可以说明企业成长的好坏。

（5）市场战略：市场战略方向是否合理可以通过考察各市场份额来评判。

第 5 年相关表格如表 4-58～表 4-68 所示。

表 4-58　　第 5 年总经理运行控制表　　金额单位：百万元

序号	请按顺序执行下列各项操作。每执行完一项操作，请总经理在相应的方格内打钩				
	操作项目	1	2	3	4
年初	新年度规划会议				
	参加订货会 / 登记销售订单				
	制订新年度计划				
	支付应付税				
1	季初各要素盘点（请填库存数量）				
2	更新短期贷款 / 还本付息款				
3	申请短期贷款（高利贷）				
4	更新应付款 / 归还应付款				
5	原料入库 / 更新原料订单				
6	下原料订单				
7	更新生产 / 完工入库				
8	新生产线投资 / 变卖 / 转产				
9	向其他企业购买 / 出售原料				
10	开始下一批生产				
11	更新应收款 / 应收款收现				
12	出售厂房				
13	向其他企业购买 / 出售成品				
14	按订单交货				
15	产品研发投资				
16	支付行政管理费				
17	其他现金收支情况登记				
18	入库（现金收入）合计				
19	出库（现金支出）合计				
20	本季库存（现金）结余				
年末	支付利息 / 更新长期贷款 / 申请长期贷款				
	支付设备维护费				
	支付租金/购买厂房				
	计提折旧				
	新市场开拓 / ISO 资格认证投资				
	结账				

表 4-59　　第 5 年财务总监运行控制表　　金额单位：百万元

企业经营流程，请按顺序执行下列各项操作	每执行完一项操作，财务总监（助理）在方格中填写现金收支情况			
	1	2	3	4
新年度规划会议				
参加订货会/登记销售订单				
制订新年度计划				
支付应付税				
季初现金盘点（请填余额）				
更新短期贷款/还本付息款/申请短期贷款（高利贷）				
更新应付款/归还应付款				
原料入库/更新原料订单				
下原料订单				
更新生产/完工入库				
投资新生产线/变卖生产线/生产线转产				
向其他企业购买原料/出售原料				
开始下一批生产				
更新应收款/应收款收现				
出售厂房				
向其他企业购买成品/出售成品				
按订单交货				
产品研发投资				
支付行政管理费				
其他现金收支情况登记				
支付利息/更新长期贷款/申请长期贷款				
支付设备维护费				
支付租金/购买厂房				
计提折旧				
新市场开拓/ISO 资格认证投资				
结账				
现金收入合计				
现金支出合计				
期末现金对账（请填余额）				

表 4-60　　第 5 年现金预算表　　金额单位：百万元

项目	1 季度	2 季度	3 季度	4 季度
期初库存现金				
支付上年应交税				
市场广告投入				
贴现费用				
利息（短期贷款）				

续表

项目	1季度	2季度	3季度	4季度
支付到期短期贷款				
原料采购支付现金				
转产费用				
生产线投资				
工人工资				
产品研发投资				
收到现金前的所有支出				
应收款到期				
支付管理费用				
利息（长期贷款）				
支付到期长期贷款				
设备维护费用				
租金				
购买厂房				
市场开拓投资				
ISO资格认证投资				
其他				
库存现金余额				

要点记录

第1季度：________________

第2季度：________________

第3季度：________________

第4季度：________________

年底小结：________________

____

表4-61　　第5年订单登记表　　金额单位：百万元

订单号	1	2	3	4	5	6	7	8	9	10	合计
市场											
产品											
数量											
账期											
销售额											
成本											
毛利											
未售											

表 4-62　　第 5 年产品核算统计表　　金额单位：百万元

项目	P1	P2	P3	P4	合计
数量					
销售额					
成本					
毛利					

表 4-63　　第 5 年综合管理费用明细表　　金额单位：百万元

项目	金额	备注
管理费		
广告费		
保养费		
租金		
转产费		
市场准入开拓		□区域　□国内　□亚洲　□国际
ISO 资格认证投资		□ISO 9000　□ISO 14000
产品研发		P2（　　）P3（　　）P4（　　）
其他		
合计		

表 4-64　　第 5 年利润表　　金额单位：百万元

项目	上年数	本年数
销售收入		
直接成本		
毛利		
综合费用		
折旧前利润		
折旧		
支付利息前利润		
财务收入/支出		
其他收入/支出		
税前利润		
所得税		
净利润		

表 4-65　　第 5 年资产负债表　　金额单位：百万元

资产	期初数	期末数	负债和所有者权益	期初数	期末数
流动资产：			负债：		
现金			长期负债		
应收款			短期负债		
在制品			应付账款		
成品			应交税金		
原料			一年内到期的长期负债		
流动资产合计			负债合计		
固定资产：			所有者权益：		
土地和建筑			股东资本		
机器与设备			利润留存		
在建工程			年度净利		
固定资产合计			所有者权益合计		
资产总计			负债和所有者权益总计		

表 4-66　　第 5 年产成品台账　　金额单位：百万元

操作顺序	市场总监使用本表记录所管理的产成品库存的变化情况。当执行任务中产成品库存数量发生改变时，请市场总监在相应的单元格内填入出库、入库的产成品数量（以“+”表示入库，以“-”表示出库）。 注：执行步骤按照任务清单的顺序号进行																
	产成品 / 任务清单	1 季度				2 季度				3 季度				4 季度			
		P1	P2	P3	P4	P1	P2	P3	P4	P1	P2	P3	P4	P1	P2	P3	P4
1	季初产成品盘点数量																
2	更新短期贷款 / 还本付息款																
3	申请短期贷款（高利贷）																
4	更新应付款 / 归还应付款																
5	原料入库 / 更新原料订单																
6	下原料订单																
7	更新生产 / 完工入库																
8	新生产线投资 / 变卖 / 转产																
9	向其他企业购买 / 出售原料																
10	开始下一批生产																
11	更新应收款 / 应收款收现																
12	出售厂房																
13	向其他企业购买 / 出售成品																
14	按订单交货																
15	产品研发投资																
16	支付行政管理费																
17	其他现金收支情况登记																
18	本季产成品入库合计																
19	本季产成品出库合计																
20	季末产成品库存数量																

表 4-67 第 5 年在制品台账 金额单位：百万元

操作顺序	生产总监使用本表记录所管理的生产过程中在制品的变化情况。当执行任务中在制品数量发生改变时，请生产总监在相应的单元格内填入下线、上线的在制品数量（以“+”表示上线，以“-”表示下线）。 注：执行步骤按照任务清单的顺序号进行																
	在制品 / 任务清单	1 季度				2 季度				3 季度				4 季度			
		P1	P2	P3	P4	P1	P2	P3	P4	P1	P2	P3	P4	P1	P2	P3	P4
1	季初在制品盘点数量																
2	更新短期贷款 / 还本付息款																
3	申请短期贷款（高利贷）																
4	更新应付款 / 归还应付款																
5	原料入库 / 更新原料订单																
6	下原料订单																
7	更新生产 / 完工入库																
8	新生产线投资 / 变卖 / 转产																
9	向其他企业购买 / 出售原料																
10	开始下一批生产																
11	更新应收款 / 应收款收现																
12	出售厂房																
13	向其他企业购买 / 出售成品																
14	按订单交货																
15	产品研发投资																
16	支付行政管理费																
17	其他现金收支情况登记																
18	本季在制品上线合计																
19	本季在制品下线合计																
20	季末在制品数量																

表 4-68 第 5 年原材料台账 金额单位：百万元

操作顺序	采购总监使用本表记录所管理的原料库存的变化情况。当执行任务中原料库存数量发生改变时，请采购总监在相应的单元格内填入出库、入库的原料的数量（以“+”表示入库，以“-”表示出库）。 注：执行步骤按照任务清单的顺序号进行																
	原料 / 任务清单	1 季度				2 季度				3 季度				4 季度			
		R1	R2	R3	R4	R1	R2	R3	R4	R1	R2	R3	R4	R1	R2	R3	R4
1	季初原材料盘点数量																
2	更新短期贷款 / 还本付息款																
3	申请短期贷款（高利贷）																
4	更新应付款 / 归还应付款																
5	原料入库 / 更新原料订单																
6	下原料订单																
7	更新生产 / 完工入库																
8	新生产线投资 / 变卖 / 转产																
9	向其他企业购买 / 出售原料																

续表

操作顺序	采购总监使用本表记录所管理的原料库存的变化情况。当执行任务中原料库存数量发生改变时，请采购总监在相应的单元格内填入出库、入库的原料的数量（以“+”表示入库，以“-”表示出库）。 注：执行步骤按照任务清单的顺序号进行																
	原料 任务清单	1季度				2季度				3季度				4季度			
		R1	R2	R3	R4	R1	R2	R3	R4	R1	R2	R3	R4	R1	R2	R3	R4
10	开始下一批生产																
11	更新应收款 / 应收款收现																
12	出售厂房																
13	向其他企业购买 / 出售成品																
14	按订单交货																
15	产品研发投资																
16	支付行政管理费																
17	其他现金收支情况登记																
18	本季原料入库合计																
19	本季原料出库合计																
20	季末原料库存数量																

4.7 全面信息化管理——第 6 年

4.7.1 平衡计分卡的含义

科莱斯平衡计分卡是源自哈佛大学教授 Robert Kaplan 与诺朗顿研究院（Nolan Norton Institute）的执行长 David Norton 于 20 世纪 90 年代所从事的“未来组织绩效衡量方法”研究的一种绩效评价体系。平衡计分卡是从财务、客户、内部运营、学习与成长 4 个角度将组织的战略落实为可操作的衡量指标和目标值的一种新型绩效管理体系。如图 4-3 所示。

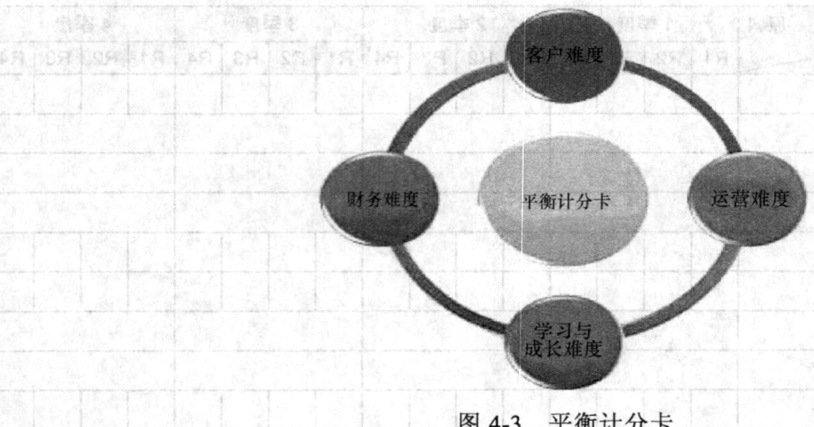

图 4-3　平衡计分卡

平衡计分卡提供的将战略转化为企业绩效管理的框架如图 4-4 所示。

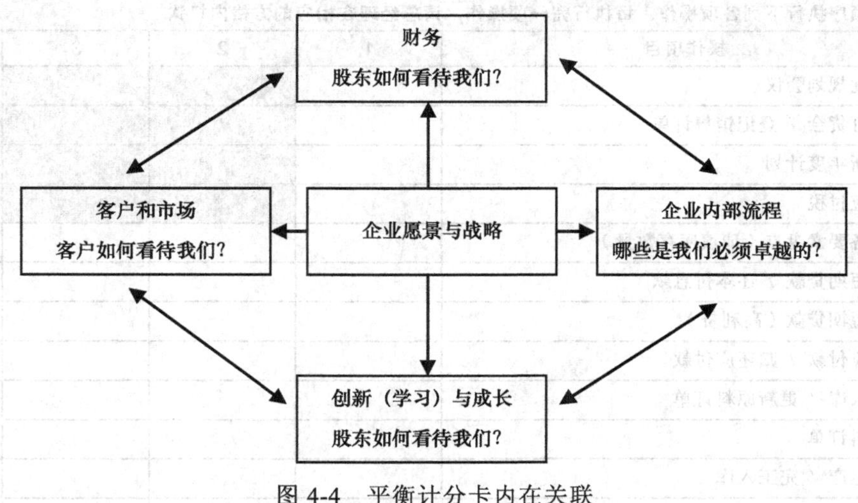

图 4-4 平衡计分卡内在关联

4.7.2 平衡计分卡的实施步骤

（1）建立企业愿景与战略。

（2）在企业的高层管理层中对公司的愿景及战略达成共识。

（3）从财务、客户、内部运营、学习与成长 4 个方面具体目标中找出最具有意义的业绩衡量指标。

（4）加强企业内部沟通与教育。

（5）确定每年、每季、每月的业绩衡量指标的具体数字，并与企业的计划和预算相结合。

（6）将每年的报酬奖励制度与平衡计分卡挂钩。

（7）经常采用员工意见修正平衡计分卡的衡量指标并改进企业战略。

在构造公司的平衡记分卡时，高层管理人员应强调保持各个方面平衡的重要性。为了达到该目的，某知名公司使用的是一种循序渐进的过程，采取以下 3 个步骤。

第一步，阐明与战略计划相关的财务措施，然后以这些措施为基础设定财务目标并且确定为实现这些目标而应当采取的适当行动。

第二步，在客户和消费者方面重复该过程，在此阶段，注重的问题是“如果打算完成财务目标，客户必须怎样看待”。

第三步，公司明确向客户和消费者转移价值所必需的内部过程，然后公司管理层问自己的问题是：自己是否具备足够的创新精神？自己是否愿意为了公司以一种合适的方式发展和变革？

经过上述过程，为了确保各个方面达到平衡，并且使所有的参数和行动都能向同一个方向变化，公司认为在各方达到完全平衡之前有必要把不同的步骤再重复几次。

第 6 年相关表格如表 4-69～表 4-83 所示。

表 4-69　　第 6 年总经理运行控制表　　金额单位：百万元

序号	请按顺序执行下列各项操作。每执行完一项操作，请总经理在相应的方格内打钩				
	操作项目	1	2	3	4
年初	新年度规划会议				
	参加订货会 / 登记销售订单				
	制订新年度计划				
	支付应付税				
1	季初各要素盘点（请填库存数量）				
2	更新短期贷款 / 还本付息款				
3	申请短期贷款（高利贷）				
4	更新应付款 / 归还应付款				
5	原料入库 / 更新原料订单				
6	下原料订单				
7	更新生产 / 完工入库				
8	新生产线投资 / 变卖 / 转产				
9	向其他企业购买 / 出售原料				
10	开始下一批生产				
11	更新应收款 / 应收款收现				
12	出售厂房				
13	向其他企业购买 / 出售成品				
14	按订单交货				
15	产品研发投资				
16	支付行政管理费				
17	其他现金收支情况登记				
18	入库（现金收入）合计				
19	出库（现金支出）合计				
20	本季库存（现金）结余数量				
年末	支付利息 / 更新长期贷款 / 申请长期贷款				
	支付设备维护费				
	支付租金/购买厂房				
	计提折旧				
	新市场开拓 / ISO 资格认证投资				
	结账				

表 4-70　　第 6 年财务总监运行控制表　　金额单位：百万元

企业经营流程，请按顺序执行下列各项操作	每执行完一项操作，财务总监（助理）在方格中填写现金收支情况			
	1	2	3	4
新年度规划会议				
参加订货会/登记销售订单				
制订新年度计划				

续表

企业经营流程 请按顺序执行下列各项操作	每执行完一项操作，财务总监（助理）在方格中填写现金收支情况			
	1	2	3	4
支付应付税				
季初现金盘点（请填余额）				
更新短期贷款/还本付息款/申请短期贷款（高利贷）				
更新应付款/归还应付款				
原料入库/更新原料订单				
下原料订单				
更新生产/完工入库				
投资新生产线/变卖生产线/生产线转产				
向其他企业购买原料/出售原料				
开始下一批生产				
更新应收款/应收款收现				
出售厂房				
向其他企业购买成品/出售成品				
按订单交货				
产品研发投资				
支付行政管理费				
其他现金收支情况登记				
支付利息/更新长期贷款/申请长期贷款				
支付设备维护费				
支付租金/购买厂房				
计提折旧				
新市场开拓 / ISO 资格认证投资				
结账				
现金收入合计				
现金支出合计				
期末现金对账（请填余额）				

表 4-71　第 6 年现金预算表　金额单位：百万元

项目	1 季度	2 季度	3 季度	4 季度
期初库存现金				
支付上年应缴税				
市场广告投入				
贴现费用				
利息（短期贷款）				
支付到期短期贷款				
原料采购支付现金				
转产费用				
生产线投资				

续表

项目	1季度	2季度	3季度	4季度
工人工资				
产品研发投资				
收到现金前的所有支出				
应收款到期				
支付管理费用				
利息（长期贷款）				
支付到期长期贷款				
设备维护费用				
租金				
购买厂房				
市场开拓投资				
ISO认证投资				
其他				
库存现金余额				

要点记录

第1季度：

第2季度：

第3季度：

第4季度：

年底小结：

表4-72　第6年订单登记表　金额单位：百万元

订单号	1	2	3	4	5	6	7	8	9	10	合计
市场											
产品											
数量											
账期											
销售额											
成本											
毛利											
未售											

表4-73　第6年产品核算统计表　金额单位：百万元

项目	P1	P2	P3	P4	合计
数量					
销售额					
成本					
毛利					

表 4-74　第6年综合管理费用明细表　单位：百万元

项目	金额	备注
管理费		
广告费		
保养费		
租金		
转产费		
市场准入开拓		□区域　□国内　□亚洲　□国际
ISO 资格认证投资		□ISO 9000　□ISO 14000
产品研发		P2（　）P3（　）P4（　）
其他		
合计		

表 4-75　第6年利润表　单位：百万元

项目	上年数	本年数
销售收入		
直接成本		
毛利		
综合费用		
折旧前利润		
折旧		
支付利息前利润		
财务收入/支出		
其他收入/支出		
税前利润		
所得税		
净利润		

表 4-76　第6年资产负债表　单位：百万元

资产	期初数	期末数	负债和所有者权益	期初数	期末数
流动资产：			负债：		
现金			长期负债		
应收款			短期负债		
在制品			应付账款		
成品			应交税金		
原料			一年内到期的长期负债		
流动资产合计			负债合计		
固定资产：			所有者权益：		
土地和建筑			股东资本		
机器与设备			利润留存		
在建工程			年度净利		
固定资产合计			所有者权益合计		
资产总计			负债和所有者权益总计		

表 4-77　　第 6 年产成品台账　　金额单位：百万元

操作顺序	市场总监使用本表记录所管理的产成品库存的变化情况。当执行任务中产成品库存数量发生改变时，请市场总监在相应的单元格内填入出库、入库的产成品数量（以“+”表示入库，以“-”表示出库）。 注：执行步骤按照任务清单的顺序号进行																
	产成品 / 任务清单	1 季度				2 季度				3 季度				4 季度			
		P1	P2	P3	P4	P1	P2	P3	P4	P1	P2	P3	P4	P1	P2	P3	P4
1	季初产成品盘点数量																
2	更新短期贷款 / 还本付息款																
3	申请短期贷款（高利贷）																
4	更新应付款 / 归还应付款																
5	原料入库 / 更新原料订单																
6	下原料订单																
7	更新生产 / 完工入库																
8	新生产线投资 / 变卖 / 转产																
9	向其他企业购买 / 出售原料																
10	开始下一批生产																
11	更新应收款 / 应收款收现																
12	出售厂房																
13	向其他企业购买 / 出售成品																
14	按订单交货																
15	产品研发投资																
16	支付行政管理费																
17	其他现金收支情况登记																
18	本季产成品入库合计																
19	本季产成品出库合计																
20	季末产成品库存数量																

表 4-78　　第 6 年在制品台账　　金额单位：百万元

操作顺序	生产总监使用本表记录所管理的生产过程中在制品的变化情况。当执行任务中在制品数量发生改变时，请生产总监在相应的单元格内填入下线、上线的在制品数量（以“+”表示上线，以“-”表示下线）。 注：执行步骤按照任务清单的顺序号进行																
	在制品 / 任务清单	1 季度				2 季度				3 季度				4 季度			
		P1	P2	P3	P4	P1	P2	P3	P4	P1	P2	P3	P4	P1	P2	P3	P4
1	季初在制品盘点数量																
2	更新短期贷款 / 还本付息款																
3	申请短期贷款（高利贷）																
4	更新应付款 / 归还应付款																
5	原料入库 / 更新原料订单																
6	下原料订单																
7	更新生产 / 完工入库																
8	新生产线投资 / 变卖 / 转产																
9	向其他企业购买 / 出售原料																
10	开始下一批生产																
11	更新应收款 / 应收款收现																

续表

操作顺序	生产总监使用本表记录所管理的生产过程中在制品的变化情况。当执行任务中在制品数量发生改变时，请生产总监在相应的单元格内填入下线、上线的在制品数量（以“+”表示上线，以“-”表示下线）。 注：执行步骤按照任务清单的顺序号进行																
	在制品 / 任务清单	4 季度				2 季度				3 季度				4 季度			
		P1	P2	P3	P4	P1	P2	P3	P4	P1	P2	P3	P4	P1	P2	P3	P4
12	出售厂房																
13	向其他企业购买 / 出售成品																
14	按订单交货																
15	产品研发投资																
16	支付行政管理费																
17	其他现金收支情况登记																
18	本季在制品上线合计																
19	本季在制品下线合计																
20	季末在制品数量																

表 4-79　　第 6 年原材料台账　　金额单位：百万元

操作顺序	采购总监使用本表记录所管理的原料库存的变化情况。当执行任务中原料库存数量发生改变时，请采购总监在相应的单元格内填入出库、入库的原料的数量（以“+”表示入库，以“-”表示出库）。 注：执行步骤按照任务清单的顺序号进行																
	原料 / 任务清单	1 季度				2 季度				3 季度				4 季度			
		R1	R2	R3	R4	R1	R2	R3	R4	R1	R2	R3	R4	R1	R2	R3	R4
1	季初原料盘点数量																
2	更新短期贷款 / 还本付息款																
3	申请短期贷款（高利贷）																
4	更新应付款 / 归还应付款																
5	原料入库 / 更新原料订单																
6	下原料订单																
7	更新生产 / 完工入库																
8	新生产线投资 / 变卖 / 转产																
9	向其他企业购买 / 出售原料																
10	开始下一批生产																
11	更新应收款 / 应收款收现																
12	出售厂房																
13	向其他企业购买 / 出售成品																
14	按订单交货																
15	产品研发投资																
16	支付行政管理费																
17	其他现金收支情况登记																
18	本季原料入库合计																
19	本季原料出库合计																
20	季末原料库存数量																

表 4-80　　广告报价及订单统计表　　金额单位：百万元

第 1 年——A 组（本地）						（区域）						（国内）						（亚洲）						（国际）					
产品	广告	单额	数量	9K	14K	产品	广告	单额	数量	9K	14K	产品	广告	单额	数量	9K	14K	产品	广告	单额	数量	9K	14K	产品	广告	单额	数量	9K	14K
P1						P1						P1						P1						P1					
P2						P2						P2						P2						P2					
P3						P3						P3						P3						P3					
P4						P4						P4						P4						P4					
第 2 年——A 组（本地）						（区域）						（国内）						（亚洲）						（国际）					
产品	广告	单额	数量	9K	14K	产品	广告	单额	数量	9K	14K	产品	广告	单额	数量	9K	14K	产品	广告	单额	数量	9K	14K	产品	广告	单额	数量	9K	14K
P1						P1						P1						P1						P1					
P2						P2						P2						P2						P2					
P3						P3						P3						P3						P3					
P4						P4						P4						P4						P4					
第 3 年——A 组（本地）						（区域）						（国内）						（亚洲）						（国际）					
产品	广告	单额	数量	9K	14K	产品	广告	单额	数量	9K	14K	产品	广告	单额	数量	9K	14K	产品	广告	单额	数量	9K	14K	产品	广告	单额	数量	9K	14K
P1						P1						P1						P1						P1					
P2						P2						P2						P2						P2					
P3						P3						P3						P3						P3					
P4						P4						P4						P4						P4					

续表

第 4 年——A 组（本地）						（区域）						（国内）						（亚洲）						（国际）					
产品	广告	单额	数量	9K	14K	产品	广告	单额	数量	9K	14K	产品	广告	单额	数量	9K	14K	产品	广告	单额	数量	9K	14K	产品	广告	单额	数量	9K	14K
P1						P1						P1						P1						P1					
P2						P2						P2						P2						P2					
P3						P3						P3						P3						P3					
P4						P4						P4						P4						P4					
第 5 年——A 组（本地）						（区域）						（国内）						（亚洲）						（国际）					
产品	广告	单额	数量	9K	14K	产品	广告	单额	数量	9K	14K	产品	广告	单额	数量	9K	14K	产品	广告	单额	数量	9K	14K	产品	广告	单额	数量	9K	14K
P1						P1						P1						P1						P1					
P2						P2						P2						P2						P2					
P3						P3						P3						P3						P3					
P4						P4						P4						P4						P4					
第 6 年——A 组（本地）						（区域）						（国内）						（亚洲）						（国际）					
产品	广告	单额	数量	9K	14K	产品	广告	单额	数量	9K	14K	产品	广告	单额	数量	9K	14K	产品	广告	单额	数量	9K	14K	产品	广告	单额	数量	9K	14K
P1						P1						P1						P1						P1					
P2						P2						P2						P2						P2					
P3						P3						P3						P3						P3					
P4						P4						P4						P4						P4					

注：9K 表示 ISO 9000 认证；14K 表示 ISO 14000 认证。

表 4-81 生产计划及采购计划编制（第 1～3 年）

生产线		第 1 年				第 2 年				第 3 年			
		1 季度	2 季度	3 季度	4 季度	1 季度	2 季度	3 季度	4 季度	1 季度	2 季度	3 季度	4 季度
1	产品												
	材料												
2	产品												
	材料												
3	产品												
	材料												
4	产品												
	材料												
5	产品												
	材料												
6	产品												
	材料												
7	产品												
	材料												
8	产品												
	材料												
合计	产品												
	材料												

表 4-82 生产计划及采购计划编制（第 4～6 年）

生产线		第 4 年				第 5 年				第 6 年			
		1 季度	2 季度	3 季度	4 季度	1 季度	2 季度	3 季度	4 季度	1 季度	2 季度	3 季度	4 季度
1	产品												
	材料												
2	产品												
	材料												
3	产品												
	材料												
4	产品												
	材料												
5	产品												
	材料												
6	产品												
	材料												
7	产品												
	材料												
8	产品												
	材料												
合计	产品												
	材料												

表 4-83 （ ）公司采购登记表

第 1 年	1 季度				2 季度				3 季度				4 季度			
原材料	R1	R2	R3	R4	R1	R2	R3	R4	R1	R2	R3	R4	R1	R2	R3	R4
订购数量																
采购入库																
第 2 年	1 季度				2 季度				3 季度				4 季度			
原材料	R1	R2	R3	R4	R1	R2	R3	R4	R1	R2	R3	R4	R1	R2	R3	R4
订购数量																
采购入库																
第 3 年	1 季度				2 季度				3 季度				4 季度			
原材料	R1	R2	R3	R4	R1	R2	R3	R4	R1	R2	R3	R4	R1	R2	R3	R4
订购数量																
采购入库																
第 4 年	1 季度				2 季度				3 季度				4 季度			
原材料	R1	R2	R3	R4	R1	R2	R3	R4	R1	R2	R3	R4	R1	R2	R3	R4
订购数量																
采购入库																
第 5 年	1 季度				2 季度				3 季度				4 季度			
原材料	R1	R2	R3	R4	R1	R2	R3	R4	R1	R2	R3	R4	R1	R2	R3	R4
订购数量																
采购入库																
第 6 年	1 季度				2 季度				3 季度				4 季度			
原材料	R1	R2	R3	R4	R1	R2	R3	R4	R1	R2	R3	R4	R1	R2	R3	R4
订购数量																
采购入库																

学以致用

通过一段时间学习，你掌握了不少知识，但立足企业、面向本岗位，将知识付诸行动，才是教育的根本目的。

请结合本岗位工作你提出改进工作的思路，并提出具体的行动计划。

学习评价

评价分质评和量评两种方式。首先，由组长组织进行组内成员互相评价；其次，由教师进行点

评。小组成员评价和教师评价成绩各占50%，将考核情况填入表4-84和表4-85得分栏目中。

1. 职业素养测评表

在□中打√，A通过，B基本通过，C未通过。

表4-84　　职业素养测评表4

职业素养	评估标准	自测结果
自我学习	1. 能进行时间管理	□A　□B　□C
	2. 能选择适合自己的学习和工作方式	□A　□B　□C
	3. 能随时修订计划并进行意外处理	□A　□B　□C
	4. 能将已经学到的东西用于新的工作任务	□A　□B　□C
信息处理	1. 能根据不同需要去搜寻、获取并选择信息	□A　□B　□C
	2. 能筛选信息，并进行信息分类	□A　□B　□C
	3. 能使用多媒体等手段来展示信息	□A　□B　□C
工作态度	1. 工作积极主动、认真负责，恪守诚信，追求严谨	□A　□B　□C
	2. 服从组长安排，无旷工，不迟到早退，不做与项目无关的事情	□A　□B　□C
工作效率	保持良好的工作环境，有效利用各种工具，按时、高质量地完成任务	□A　□B　□C
与人交流、合作	1. 能把握交流的主题、时机和方式	□A　□B　□C
	2. 能理解对方谈话的内容，准确表达自己的观点	□A　□B　□C
	3. 能挖掘合作资源，明确自己在合作中能够起到的作用	□A　□B　□C
	4. 能同合作者进行有效沟通，理解个性差异及文化差异	□A　□B　□C
解决问题	1. 能说明何时出现问题并指出其主要特征	□A　□B　□C
	2. 能做出解决问题的计划并组织实施计划	□A　□B　□C
	3. 能对解决问题的方法适时做出总结和修改	□A　□B　□C
革新、创新	1. 能发现事物的不足并提出新的需要	□A　□B　□C
	2. 能创新性地提出改进事物的意见和具体解决方法	□A　□B　□C
	3. 能从多种方案中选择最佳方案，在现有条件下进行实施	□A　□B　□C

学生签字：　　　　　　　　教师签字：　　　　　　　　20　　年　　月　　日

2. 专业能力测评表

表4-85　　专业能力测评表4

评价内容	权重	考核点	考核得分		
			小组评价	教师评价	综合得分
职业素养（20分）	10	资料整洁，摆放整齐			
	10	任务完成后，整齐摆放操作工具及凳子，保持工作台面整洁			
作品（80分）	80	完成规定的任务分工、学生总结、经验交流等资料。内容完整，格式整齐，语句通顺，文字优美。总结交流仪表端庄，口齿流利，总结到位			

组长签字：　　　　　　　　教师签字：　　　　　　　　20　　年　　月　　日

商战实践平台系统运用　第5章

能力目标

1. 掌握商战实践平台的操作要领。
2. 掌握商战实践平台记录企业业务的方法。

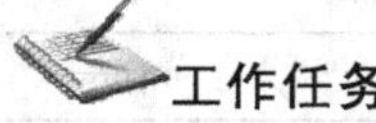

工作任务

1. 商战实践平台职业认知。
2. 超级用户及指导教师的任务。
3. 学生的任务。

5.1 商战实践平台简介

前面的第 2 章至第 4 章是基于物理 ERP 沙盘开展的企业模拟经营。经过模拟实训，学生在经营体验—决策失误—高人指点—反思回顾中获得了企业经营管理的真实体验及管理能力，综合素质得到了提升。这个阶段主要是感性认知活动，而下面基于商战实践平台的电子沙盘模拟活动则是理性认知活动。

5.1.1 商战实践平台认知

本书介绍的电子沙盘是新道新商战沙盘系统 V5.0。新道“新商战”系统平台是继“新创业者”沙盘模拟经营系统之后的新一代企业经营模拟软件系统，电子沙盘与物理沙盘完美结合，继承了“ERP 实物沙盘”形象直观的特点，同时，实现了选单、经营过程、报表生成、赛后分析的全自动，将指导老师彻底从选单、报表录入、监控等具体操作中解放出来，将教学重点放在企业经营的本质上进行分析。该平台在继承 ERP 沙盘特点的基础之上，吸收了众多经营类软件的优点。其特点如下：全真模拟企业经营过程，感受市场竞争氛围，集成选单、多市场同选、竞拍、组间交易等多种市场方式；自由设置市场订单和经营规则，教学竞赛两相宜；更友好的界面设置，更强的互动体验，操作简易、直观；支持 2～99 家企业同场竞技；财务报表自动核对，经营数据 Excel 导出，教学管理更轻松；安装简捷方便，集成数据引擎、IIS 发布（端口可任意配置）。

5.1.2 “新商战”实践平台的构成

“新商战”实践平台以创业模式经营，初始只有现金（股东资本），一般以 600W（万元）为宜，也可以自由设置。

商战实践平台的构成如表 5-1 所示。

表 5-1　商战实践平台构成

序号	名称	说明
1	安装主程序	需要和加密狗匹配使用
2	使用说明（前台）	学生操作手册
3	使用说明（后台）	管理员（教师）操作手册
4	安装说明	系统安装说明文件
5	经营流程表	训练学生用表
6	会计报表	各年会计报表
7	重要经营规则	系统中直接查询
8	市场预测	系统中直接查询
9	实物沙盘盘面	配合系统使用，1 个队 1 张
10	摆盘卡片	用于摆放实物沙盘

学生端界面和实物盘面类似，如图 5-1 所示，也可分生产中心、财务中心、营销与规划中心及物流中心，操作区显示当前有权限的操作；另外，还可以查询规则、市场预测信息。

图 5-1　学生端界面

5.2 超级用户（系统管理员）和管理员（教师）的任务

在用户（学生）使用商战实践平台之前，超级用户（系统管理员）和管理员（教师）要做基础性设置。

5.2.1 系统启用

安装好系统的机器称为“服务器”。启动运行需按照下列步骤进行。

（1）插入 USB 加密锁。

（2）双击桌面上的图标，然后单击控制台系统启动，当桌面右下角出现图标时，则服务启动成功，如图 5-2 所示。

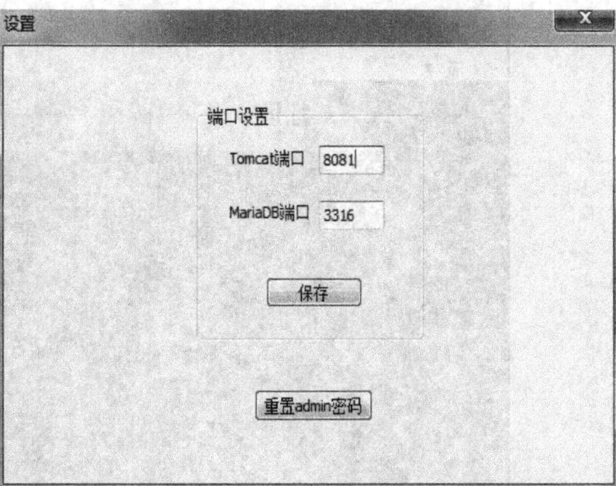

图 5-2 商战实践平台控制台页面

（3）单击控制台上的“系统配置”更改访问端口及自动备份时间。

5.2.2 超级用户的任务

1. 以超级用户身份登录系统平台

超级用户是系统自带的一个不可更改的管理员，用户名为“admin”，密码为“1”（首次进入请务必修改密码）。超级用户的操作权限包括系统初始化——确定分组方案；运行参数设置——修订系统运行参数；添加管理员——通过“管理员列表”添加负责运行操作的管理员；备份还原数据。

超级用户不能参与运行管理，运行管理必须由运行管理员操作。

本章中的“管理员”即指运行管理员。

在 IE 浏览器地址输入“http://服务器地址或服务机器名/manage”，打开“管理员登录”对话框，输入超级用户名“admin”和密码“1”，如图 5-3 所示。

登录后显示管理员端功能菜单：创建教学班、老师管理、权限管理、数据备份等。

2. 数据初始化

数据初始化是设定参与企业经营模拟的企业数量，支持 2～99 队的分组方案，确定参训用户，并将用户名定义为U01、U02、U03…（初始密码为1），如图5-4所示。将用户状态设为“未登记”，经营时间设为第1年 112 / 24 第1季；所有经营数据清零；选择规则方案和订单方案；确定该套规则、订单方案组合供多少队使用，队数可在2～99队之间任意填写。

初始化时必须让所有用户（学生）退出系统。

图5-3　超级用户登录

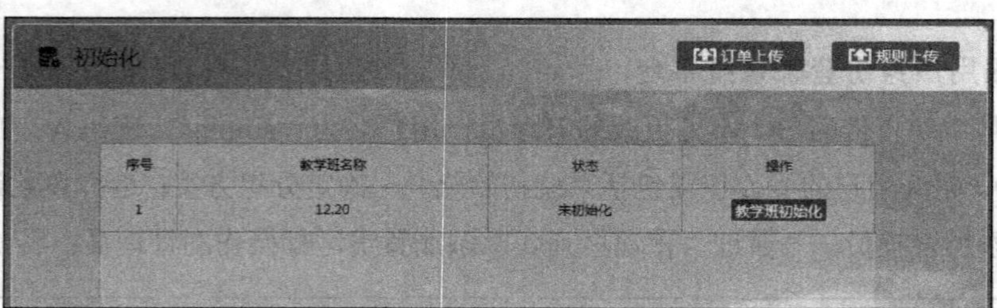

图5-4　数据初始化

3. 系统参数设置

系统参数设置是设定企业运行过程中系统自动执行的一些规则。可设置的系统参数如图5-5所示。修改系统参数时，必须让用户（学生）退出系统；在运行过程中，不得更改系统参数；初始化后修改参数方有效。

4. 增加管理员

管理员是执行商战实践平台后台管理工作的人。超级用户至少要增加一名运行管理员（教师）。双击“管理员列表”，添新管理员，输入运行管理员的账号和密码，如图5-6所示。

请设定下列参数			
最小得单广告额	10 W	拍卖会同拍数量	3 个
竞拍会竞单时间	90 秒	初始现金(股东资本)	600 W
贴现率(1,2期)	10 %	贴现率(3,4期)	12.5 %
紧急采购倍数(原料)	2 倍	紧急采购倍数(产品)	3 倍
所得税率	25 %	信息费	1 W
库存折价率(原料)	80 %	库存折价率(产品)	100 %
贷款额倍数	3 倍	长期贷款利率	10 %

确定

图 5-5 系统参数设置

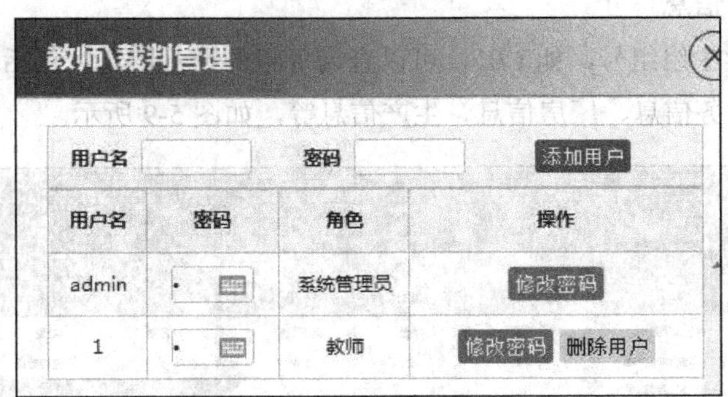

图 5-6 增加管理员

5. 数据备份和还原

系统只能有一套数据，如果有多个班级交叉上课，每次课程结束后，需要把运行的数据进行备份，下次上课前先将备份的数据进行还原，如图 5-7 所示。每隔 15 分钟（可改参数）系统自动备份一次，以时间命名；如果系统运行发生意外，可还原自动备份数据；初始化时删除所有自动备份文件；请及时清理无用的自动备份文件。自动备份数据可在不同服务器中交换使用。

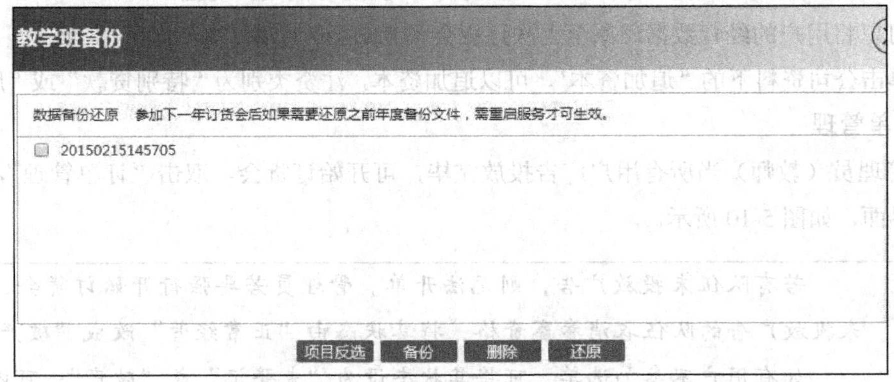

图 5-7 数据备份和还原

5.2.3　管理员（教师）的任务

管理员是可以进入后台进行系统运行控制的用户（教师），由超级用户 admin 添加。管理员具有以下权限：用户资源查询及基本信息与经营状态修改；排行榜单；组间交易；订单管理；竞单管理；公共信息；查询订单详细等。如图 5-8 所示。

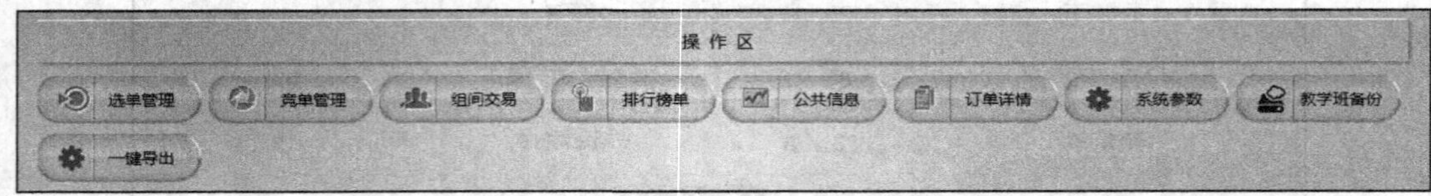

图 5-8　管理员操作界面

1. 查询每组经营信息

单击主页面一方学生组组号，如 U01，可以查询每组的经营信息，包括公司资料、库存采购信息、研发认证信息、财务信息、厂房信息、生产信息等，如图 5-9 所示。

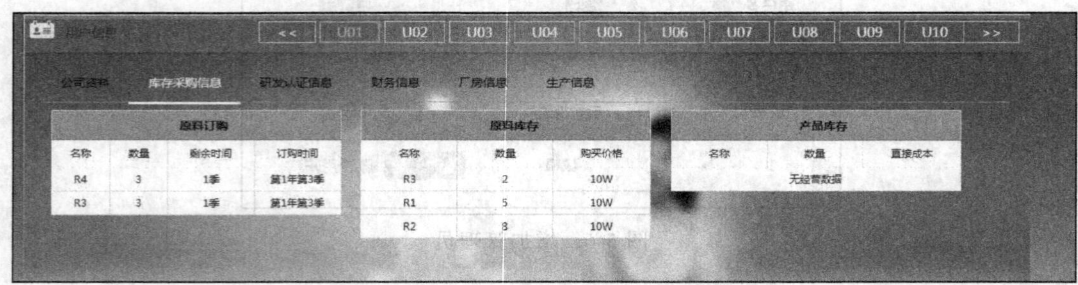

图 5-9　状态查询与修改

（1）不参与经营的用户状态一定要设为“未登记”。

（2）可以将破产用户的状态设置为“经营中”，使其继续运作。

（3）可以通过增加现金的操作，额外补充现金。增加的现金将计入特别贷款或股东资本（均不算税），但公司没有资格参加最后的评比；也可以在必要的时候减少现金。

（4）可以将用户的经营数据还原至上次订货会（竞拍会）结束。

（5）单击公司资料下的“追加资本”，可以追加资本，注资类别为“特别贷款”或“股东注资”。

2. 选单管理

运行管理员（教师）当所有用户广告投放完毕，可开始订货会。双击“订单管理”，弹出“选单管理”界面，如图 5-10 所示。

若有队伍未投放广告，则无法开单。管理员若要强行开始订货会，则必须将未投放广告的队伍取消参赛资格，将其状态由“正常经营”改成“破产”。

如有用户不参加选单，可将其状态设为“未登记”或“破产”；可以重选，可以暂停倒计时；可以若干市场（参数）同时选单。

选单管理

第2年订货会管理			
合计回合数	4	剩余回合数	2
本年合计订单数	77	本年剩余订单数	77
重新选单 计时暂停			

本地			
产品	P1	当前回合	1
总回合数	1	剩余回合数	0
当前选单用户	U01	剩余选单时间	58

区域			
产品	P1	当前回合	1
总回合数	1	剩余回合数	0
当前选单用户	U01	剩余选单时间	58

取消

图 5-10　选单管理

3. 竞单管理

某些年份选单结束后，进入竞单管理状态。若还有竞单，可以重新竞单；可以暂停倒计时；每轮竞单订单数可以参数设置；竞单时间可以参数设置；倒计时大于 5 秒时要确认。如图 5-11 所示。

竞单管理

第3年竞单会	
当前回合剩余时间	88
剩余订单数/总订单数	6/9
重新竞单 计时暂停	

订单编号	市场	产品	数量	ISO	状态	所属用户
A311_01	本地	P1	4	-		
A312_01	本地	P2	3	9		
A313_01	本地	P3	4	-		
A314_01	本地	P4	2	9		
A322_01	区域	P2	3	9		
A324_01	区域	P4	2	9		
A324_02	区域	P4	3	9		
A333_01	国内	P3	3	9		
A333_02	国内	P3	4	-		

图 5-11　竞单管理

4. 组间交易

各队之间协商一致后，可以到管理员处进行组间交易，管理员双击“组间交易”，选择出货方（卖方）、入货方（买方）、交易产品、数量及总价，确认交易后即可完成，如图 5-12 所示。

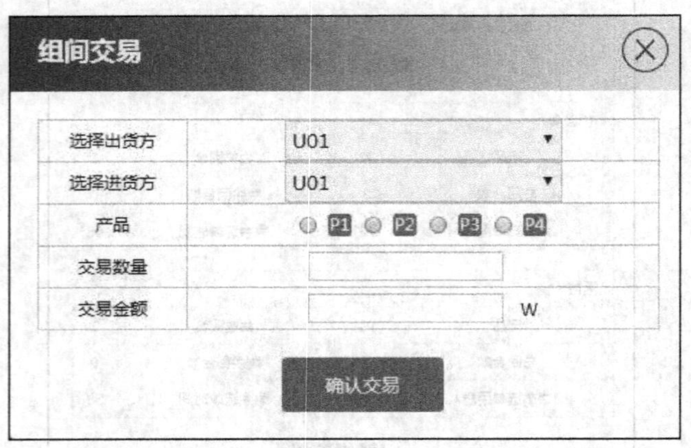

图 5-12 组间交易

提示 出货方（卖方）账务处理视同销售，入货方视同紧急采购；只允许现金交易，并且只能交易产成品（P1、P2、P3、P4）；管理员需要判断双方系统时间是否符合逻辑（系统要求必须为同一年份），是否存在合谋。

5. 还原处理

各队在经营过程中会出现误操作或者其他需要取消当前操作的情况，管理员可以根据实际情况将用户数据还原。单击该用户还原本年，可将用户数据还原到最近一次订货会结束时的状态。

提示 本年订货会结束至下一年订货会开始之间任一时刻可以还原某队数据至本年订货会结束；第一年还原需要重新登录注册；选单时千万不要进行还原操作，否则会出错；管理员可对还原队伍作一定的处罚。

6. 数据备份

手工备份。在“数据文件备份”的编辑框中输入文件名后，单击“备份文件”按钮，备份本次训练的数据；在“文件列表”中选择恢复的文件名后，单击“文件还原”按钮，恢复训练数据，查询历史数据。

自动备份。每隔一段时间（系统默认 15 分钟）系统会自动备份（以时间命名）。

7. 训练排名

管理员单击“排行榜”图标，进入排名查询；双击得分可排序；排名得分由系统综合当年的权益和生产能力计算得出

总成绩=所有者权益×（1+企业综合发展潜力/100）

企业综合发展潜力=市场资格分值+ISO资格分值+生产资格分值+厂房分值+各条生产线分值

生产线建成（包括转产）即加分，无须生产出产品，也无须有在制品；厂房必须购买。各要素得分均可在规则中设置，是可变的；罚分可由裁判预先设定（报表准确性；关账是否及时；广告投放是否及时；盘面与系统数据是否一致；是否有影响比赛的不良行为）。

8. 破产处理

管理员可增加库存现金，增加部分计入该队当年特别贷款或股东注资，将其经营状态由“破产”改为“经营”。管理员可在以后经营中对破产企业进行限制，如控制其广告总和等。

9. 公共信息

单击主页面下方“公共信息”菜单，显示弹出框，在年份后的下拉框里选择要查询年份，单击确认信息，页面跳转到每组的经营结果信息。在弹出框中部显示的本年的销售额市场老大，在下方显示各组的本年经营利润以及报表列表。

单击主页下方的“综合费用表”菜单，则显示各组的综合费用表。

单击“利润表”菜单，则显示各组利润表。

单击“资产负债表”菜单，则显示各组资产负债表。

单击“下一年广告投放”菜单，则显示下一年初各组的广告投资额。该统计数据分别以每组投放广告和每个市场各级投放广告对比的两种方式展现，可供选择。

单击“导出Excel”菜单，将各组的对比信息以Excel的形式下载并保存查阅。

10. 订单详情

单击主页面下方的“订单详情”菜单，弹出框显示该教学班所有年份的市场订单明细。

11. 系统参数

单击主页面下方的“系统参数”菜单，弹出该教学班初始化参数设置，选择可修改的参数，在后面的下拉框或编辑框内修改即可对经营参数进行修改，单击“确认”按钮保存修改结果。其中，初始现金不可修改。

12. 公告信息

单击主页面右上方的“公告信息”菜单，显示聊天对话框，可同学生交流，发布通知信息。

13. 规则说明

单击主页面右上方的“规则说明”菜单，则显示本场企业经营模拟经营的运行规则。该规则与初始化系统参数一致，可根据每次参数设置的不同而变动。

14. 市场预测

单击主页面右上方的“市场预测”菜单，则显示此次企业模拟经营的市场预测信息，包括每个市场的需求数量值和市场均价。

5.3 用户（学生）的任务

由用户（学生）登录商战实践平台，完成模拟企业经营。

5.3.1 以用户（学生）身份登录系统

打开 IE 浏览器，在地址栏输入“http://服务器地 IP”，进入系统，如图 5-13 所示。登录用户为管理员分配的 U01、U02、U03 等，首次登录的初始密码为“1”。

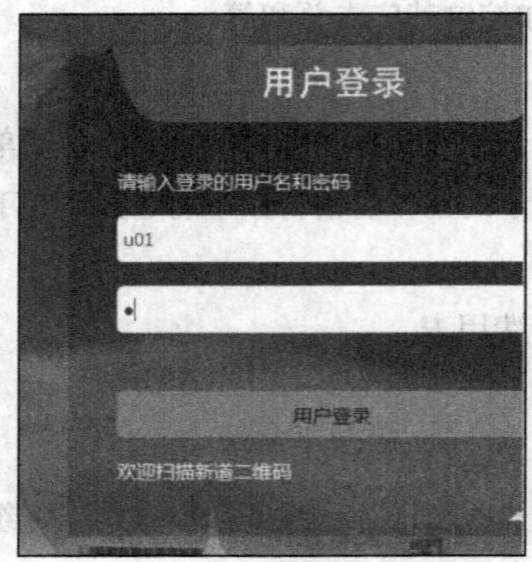

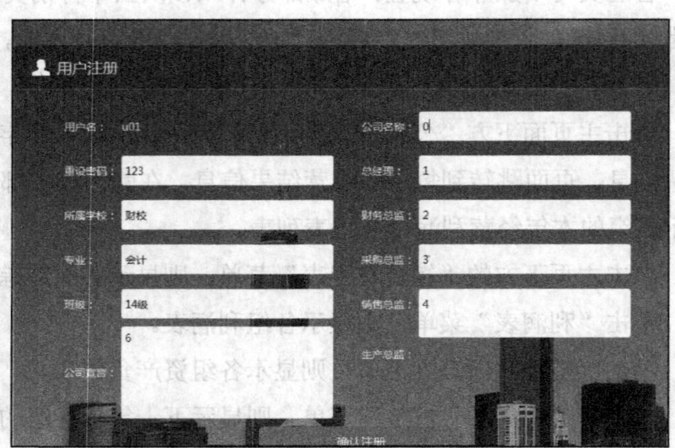

图 5-13　登录

只有第一次登录需要填写。公司名称（必填）；所属学校（必填）；各职位人员姓名（如有多人，可以在 1 个职位中输入 2 个以上的人员姓名，必填）。登记确认后不可更改；请务必重设密码。系统登录成功后的界面如图 5-14 所示。

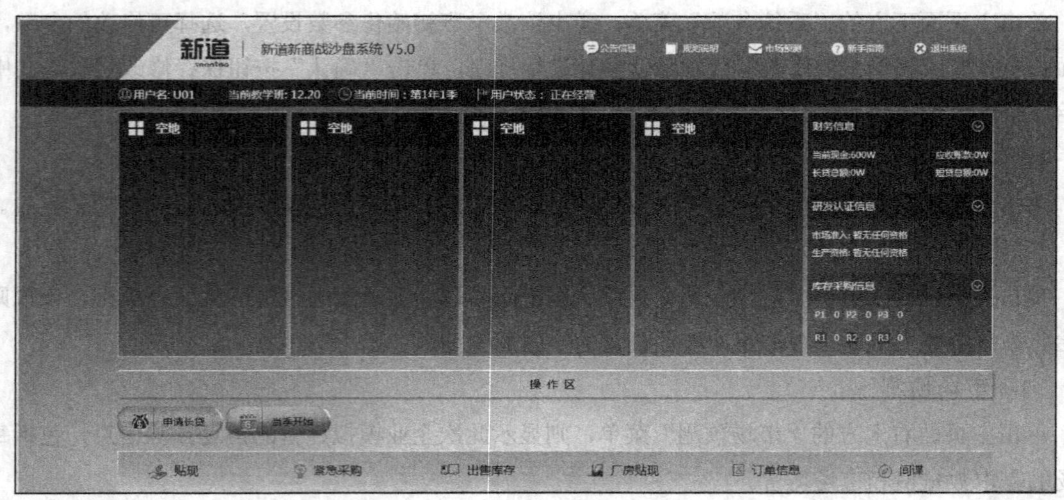

图 5-14　学生操作界面

5.3.2 手工与电子沙盘操作流程比较

手工与电子沙盘操作流程比较如表 5-2 所示。

表 5-2　　手工与电子沙盘操作流程比较

序号	手工操作流程	系统操作
年初	新年度规划会议	
	广告投放	输入广告费并确认
	参加订货会选订单/登记订单（竞单）	选单（竞单）
	支付应付税	系统自动
	支付长贷利息	系统自动
	更新长期贷款/长期贷款还款	系统自动
	申请长期贷款	输入贷款数额并确认
1	季初盘点（请填余额）	产品下线，生产线完工（自动）
2	更新短期贷款/短期贷款还本付息	系统自动
3	申请短期贷款	输入贷款数额并确认
4	原材料入库/更新原料订单	需要确认金额
5	下原料订单	输入并确认
6	购买/租用——厂房	选择并确认，自动扣现金
7	更新生产/完工入库	系统自动
8	新建/在建/转产/变卖——生产线	选择并确认
9	紧急采购（随时进行）	随时进行输入并确认
10	开始下一批生产	选择并确认
11	更新应收款/应收款收现	需要输入到期金额
12	按订单交货	选择交货订单并确认
13	产品研发投资	选择并确认
14	厂房——出售（买转租）/退租/租转买	选择确认，自动转应收款
15	新市场开拓/ISO 资格投资	仅第 4 季允许操作
16	支付管理费/更新厂房租金	系统自动
17	出售库存	输入并确认（随时进行）
18	厂房贴现	随时进行
19	应收款贴现	输入并确认（随时进行）
20	季末收入合计	系统自动
21	季末支出合计	系统自动
22	季末数额对账[（1）+（20）-（21）]	系统自动
年末	缴纳违约订单罚款	系统自动
	支付设备维护费	系统自动
	计提折旧	系统自动
	新市场/ISO 资格换证	系统自动
	结账	系统核对报表

5.3.3　年初任务

1. 投放广告

要想取得参加订货会的资格，必须在想要进入的市场投放广告，每年年初进行广告投放。双击系统“投放广告”按钮，系统出现图 5-15 所示界面。

投放广告

产品市场	本地	区域	国内	亚洲	国际
P1	0 W	0 W	0 W	0 W	0 W
P2	0 W	0 W	0 W	0 W	0 W
P3	0 W	0 W	0 W	0 W	0 W
P4	0 W	0 W	0 W	0 W	0 W

确认　取消

图 5-15　投放广告

没有获得任何市场准入证时不能投放广告（系统认为其投放金额只能为0）；在投放广告窗口中，市场名称为红色表示尚未开发完成，不可投广告；完成所有市场产品投放后，单击“确认支付”按钮，退出广告投放系统之后，不能返回更改；广告投放确认后，长贷本息及上年税金同时被自动扣除；长贷利息是所有长贷加总乘以利率再四舍五入后得出的。

在一个回合中，每投放 10W（为参数，称为最小单广告额，可修改）广告费将获得一次选单机会，此后每增加 20W（最小单广告 2 倍），多一次选单机会。如投入 50W，表示最多有 3 次机会，但能否行使 4 次机会取决于市场需求、竞争态势。若广告费的投入小于 10W，则无选单机会，但广告费照扣。广告投放可以为非 10 的数，如 21W、22W，且投 22W 比投 21W、20W 者具有选单优先权。

2. 获取订单

所有用户投放广告完成后，管理员（教师）单击“开始选单”按钮后，用户（学生）就可以开始选单了。商战实践平台有两种方式获取订单：选单与竞单。

（1）参加订货会——选单

上述投放广告针对的是选单，如图 5-16 所示。

参加订货会

本地（P1，U01）区域（P1，U01）正在选单 国内 亚洲 国际 无广告

本地　区域　国内　亚洲　国际

U01参加第2年订货会。当前回合为本地市场、P1产品、选单用户U01、剩余选单时间为32秒。　放弃选单

ID	用户	产品广告	市场广告	销售额	次数
1	U01	10	20	0	1

编号	总价	单价	数量	交货期	账期	ISO	操作
S211_01	187	46.75	4	4	1	-	选中
S211_02	99	49.50	2	4	2	-	选中
S211_03	164	54.67	3	3	2	-	选中
S211_04	107	53.50	2	4	2	-	选中
S211_05	112	56.00	2	3	1	-	选中
S211_06	149	49.67	3	4	2	-	选中
S211_07	143	47.67	3	4	2	-	选中
S211_08	98	49.00	2	3	1	-	选中
S211_09	97	48.50	2	4	1	-	选中
S211_10	164	54.67	3	4	2	-	选中

图 5-16　选单

系统自动依据以下规则确定选单顺序。

（1）上年市场销售第一名（无违约）为市场老大，优先选单；若有多队销售并列第一，则市场老大由系统随机决定，可能为其中某队，也可能无老大。

（2）本市场本产品广告额。

（3）本市场广告总额。

（4）本市场上年销售排名。

（5）仍不能判定的，先投广告者先选。

系统中将某市场某产品的选单过程称为回合，每回合选单可能有若干轮，每轮选单中，各队按照排定的顺序依次选单，但只能选一张订单。当所有队都选完一轮后，若再有订单，开始进行第二轮选单，各队行使第二次选单机会，以此类推，直到所有订单被选完或所有队退出选单为止，本回合结束。

当轮到某一公司选单时，“系统”以倒计时的形式给出本次选单的剩余时间，每次选单的时间上限为系统设置的选单时间，即在规定的时间内必须做出选择（选择订单或选择放弃），否则系统自动视为放弃选择订单。无论是主动放弃还是超时系统放弃，都将视为退出本回合的选单。

选单中可以在多个（参数）市场同时进行。

各自按照 P1、P2、P3、P4 的顺序独立放单。

如图 5-17 所示，本地、区域同时放单，若要在本地选单，须单击对应按钮。

图 5-17　多市场同开

（2）参加竞拍会——竞单

竞单也称为竞拍或者招标，如图 5-18 所示。竞单在选单之后，不一定年年有，管理员会事先公布哪几年有。

参加竞单会

U01参加第3年竞单会，当前回合剩余竞单时间为38秒

订单编号	市场	产品	数量	ISO	状态	得单用户	总金额	交货期	账期
A311_01	本地	P1	4	-	已完成	U01	200W	2季	3期
↑本用户出价							200W	2季	3期
A312_01	本地	P2	3	9	已完成	U01	250W	2季	3期
↑本用户出价							250W	2季	3期
A313_01	本地	P3	4	-	已完成	U01	460W	2季	1期
↑本用户出价							460W	2季	1期
A314_01	本地	P4	2	9	设置竞价	-	-	-	-
A322_01	区域	P2	3	9	设置竞价	-	-	-	-
A324_01	区域	P4	2	9	设置竞价	-	-	-	-
A324_02	区域	P4	3	9	等待	-	-	-	-
A333_01	国内	P3	3	9	等待	-	-	-	-

图 5-18　竞单

参与竞单的企业需要具备相应ISO资格及市场资格，但不需要有生产资格；中标的公司需为该单支付10W（和最小得单广告额相同）标书费，计入广告费。

如果（已竞得单数+本次同时竞单数）×10（即最小得单广告额）>现金余额，则不能再竞；参与投标的公司须根据所投标的订单，在系统规定时间（以倒计时秒形式显示）填写总价、交货期、账期3项内容，确认后由系统按照“得分=100+（5−交货期）×2+应收账期−8×总价/（该产品直接成本×数量）”的计算公式，以得分最高者中标，如果计算分数相同，则先提交者中标。

总价不能低于（可以等于）成本价，也不能高于（可以等于）成本价的3倍；必须为竞单留足时间，如在倒计时小于等于5秒再提交，可能无效；竞单时不允许紧急采购；为防止恶意竞单，对竞得单张数进行限制，如果某队已竞得单张数>Round（3×该年竞单总张数/参赛队数），则不能继续竞单。

Round表示四舍五入；如上式为等于，则可以继续参与竞单。

参赛队数指经营中的队伍，若破产继续经营也算在其内，破产退出经营则不算在其内。

3. 申请长贷

长期贷款发生在每年年初，必须在“当季开始”之前。选单结束后直接操作，一年只此一次，然后再按“当季开始”按钮；不可超出最大贷款额度；可选择贷款年限，确认后不可更改；贷款额为不小于10的整数；所有长贷之和×利率，然后四舍五入，计算利息。如图5-19所示。

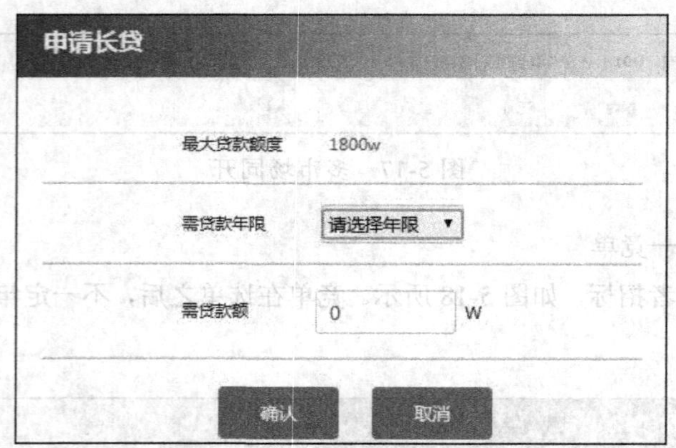

图5-19 申请长贷

5.3.4 季度任务

1. 四季任务启动与结束

每季经营开始及结束需要确认——当季开始、当季（年）结束，第四季显示为当年结束；请注意操作权限，只显示允许的操作；如破产则无法继续经营，自动退出系统，可联系裁判；现金不够请紧急融资（出售库存、贴现、厂房贴现）；更新原料库和更新应收款为每季必走流程；操作顺序并无严格要求，但建议按流程走。

（1）当季开始：选单结束或长贷后当季开始；开始新一季经营需要当季开始；系统自动扣除短

贷本息；系统自动完成更新生产、产品入库及转产操作。如图 5-20（a）所示。

（2）当季结束：一季经营完成需要当季结束确认；系统自动扣管理费（10W/季）及租金并且检测产品开发完成情况。如图 5-20（b）所示。

（a）当季开始

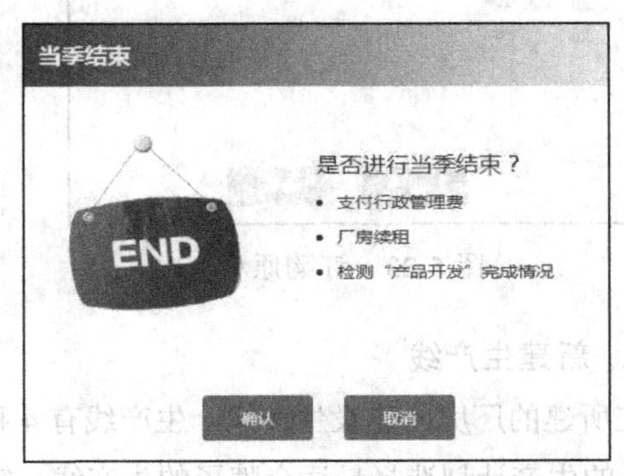

（b）当季结束

图 5-20　当季开始、当季结束

2. 申请短贷

短期贷款发生在每季度初，一季度只能操作一次；申请额为不小于 10 的整数；长短贷总额（已贷+欲贷）不可超过上年权益规定的倍数。选择贷款金额，单击“确认”即可，如图 5-21 所示。

3. 更新原料

以前订购的原料本季到货，此步需要支付货款。系统自动提示需要支付的现金（不可更改）；只需要单击“原料入库”即可；系统自动扣减现金；确认更新后，后续的操作权限方可开启（下原料订单到更新应收款），前面操作权限关闭；在途订单推进一季；一季只能操作一次。如图 5-22 所示。

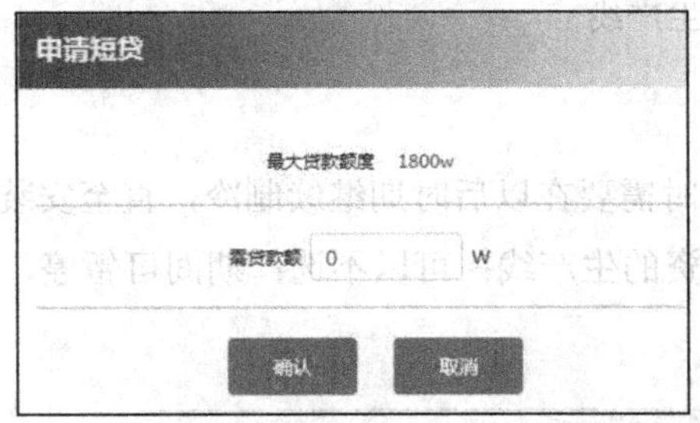

图 5-21　申请短贷

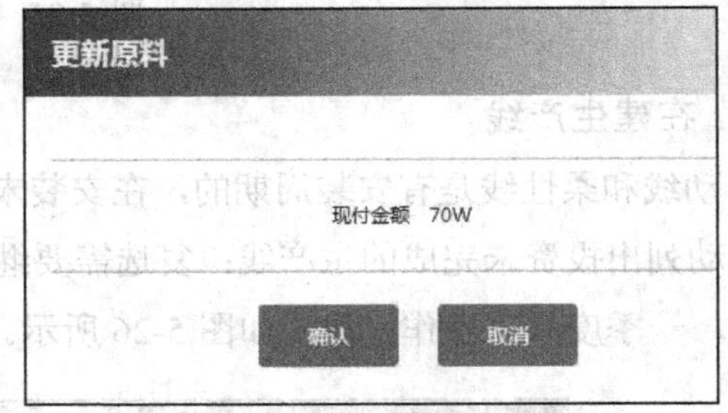

图 5-22　原料入库/更新原料库

4. 订购原料

根据生产计划，及时采购所需要的原料，避免因原料不足而影响生产。输入所有需要的原料数量，然后按“确认”；一季度只能操作一次；确认订购后不可退订；可以不下订单。如图 5-23 所示。

5. 购租厂房

企业要进行生产经营，需要有厂房，厂房可买可租；最多只可使用 4 个厂房；4 个厂房可以任意组合，如租 3 买 1 或租 1 买 3；生产线不可在不同厂房移位。选择厂房类型和获得的方式，单击“确认”按钮即可，如图 5-24 所示。

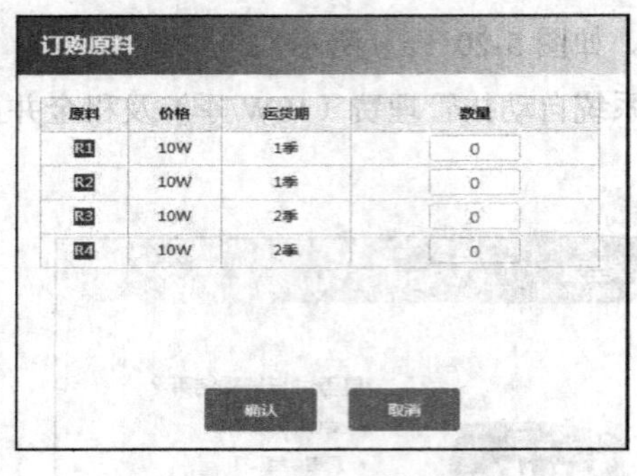

图 5-23　订购原料

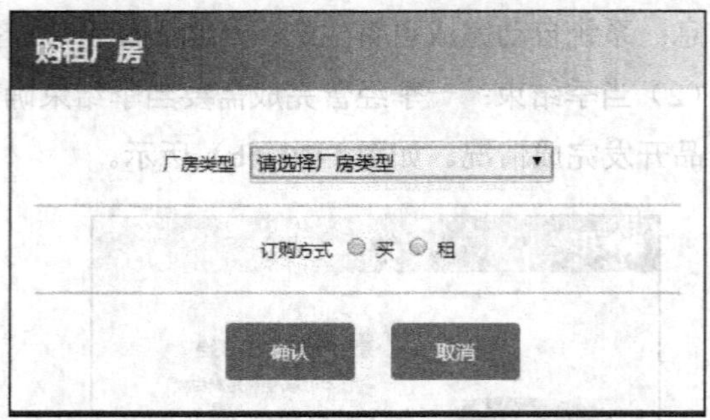

图 5-24　购租厂房

6. 新建生产线

在所建的厂房内建设生产线，生产线有 4 种类型：手工线、半自动线、自动线和柔性线。要根据自己的生产计划选择最适合牌子的生产线。需选择厂房、生产线类型、生产产品类型；一季可操作多次，直至生产位铺满。输入相关信息后，单击“确认”按钮即可，如图 5-25 所示。

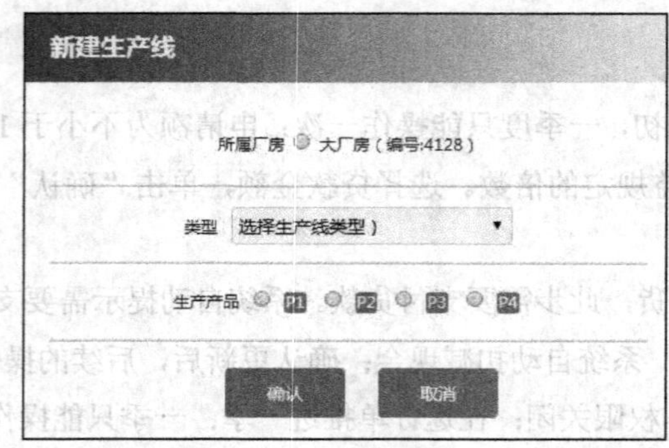

图 5-25　新建生产线

7. 在建生产线

自动线和柔性线是有安装周期的，在安装未完成时需要在以后时期继续制冷，直至安装完成。系统自动列出投资未完成的生产线；复选需要继续投资的生产线；可以不选；期间可暂停，但不可以提前，一季度只可操作一次，如图 5-26 所示。

图 5-26　在建生产线

8. 生产线转产

当取得的订单和生产线不匹配时，可以进行“生产线”转产。系统会自动列出符合转产要求的生产线，单击要转产的生产线“转产”按钮（建成且没有在产品的生产线），选择转产生产产品，单击“确认转产”按钮即可，如图 5-27 所示。转产可多次操作；如果转产周期大于等于 2，则需要继续转产。

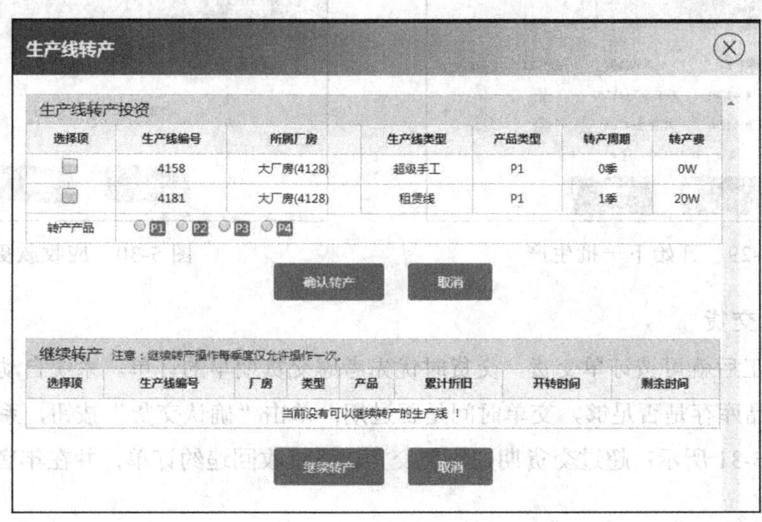

图 5-27　生产线转产

9. 出售生产线

当用户生产经营过程中出现资金紧张等问题时，可以出售生产线，系统自动列出可出售生产线（建成后没有在制品的空置生产线，转产中生产线不可卖），单击“确认”按钮即可，如图 5-28 所示。出售后，从价值中按残值收回现金，高于残值的部分记入当年费用的损失项目。

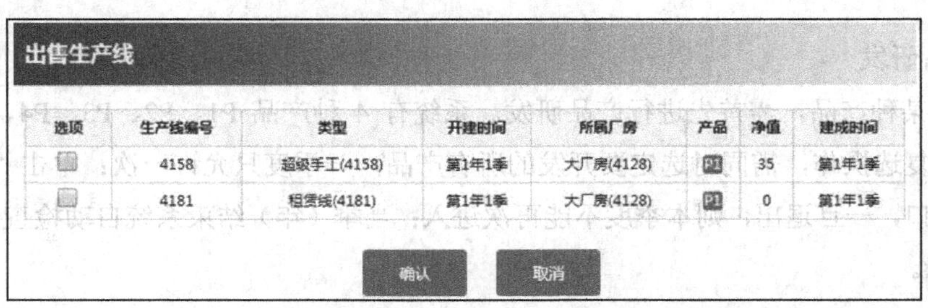

图 5-28　出售生产线

10. 开始下一批生产

生产线建成后，如果原料已经入库，具备生产资格，即可以生产产品了。系统自动检测原料、生产资格、加工费，列出可以进行生产的生产线，单击“生产线开始生产”按钮即可。系统自动扣除原料及加工费；可以停产。如图 5-29 所示。

11. 应收款更新

产品及时交货后，除了账期是零的订单账款会自动到账外，系统不会提示本季到期的应收款。每个企业自己统计本季度应回收金额，多填不允许操作，少填按照实际填写的金额收回，少收的部分以后可以收回。单击系统自动完成更新。

此步操作后，前面的各项操作权限关闭（不能返回以前的操作任务），并开启以后的操作任务，即按订单交货、产品开发、厂房处理权限，如图 5-30 所示。

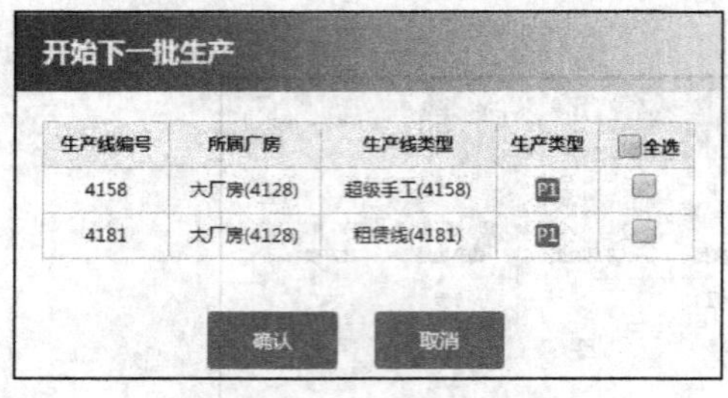

开始下一批生产
生产线编号
所属厂房
生产线类型
生产类型
全选
4158
大厂房(4128)
超级手工(4158)
P1
4181
大厂房(4128)
租赁线(4181)
P1
确认
取消

图 5-29　开始下一批生产

应收款更新
收现 金额（1期） 164W
确认
取消

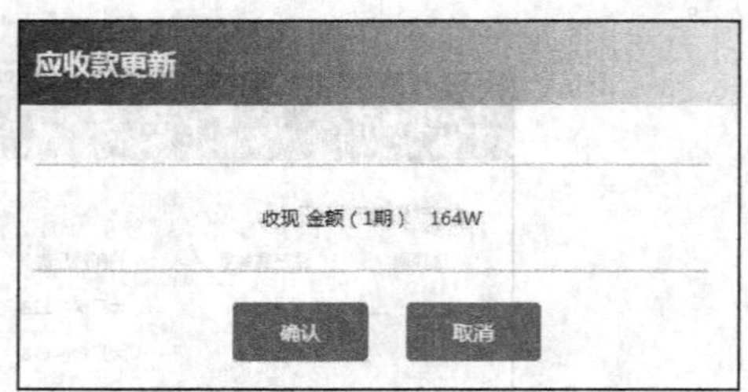

图 5-30　应收款更新

12. 按订单交货

产品生产完工后就可按订单交货，交货时优先考虑交货期早的订单。系统自动列出当年未交订单；自动检测成品库存是否足够，交单时间是否过期；单击“确认交货”按钮，系统自动增加应收款或现金，如图 5-31 所示；超过交货期则不能交货，系统收回违约订单，并在年底扣除违约金（列支在损失项目中）。

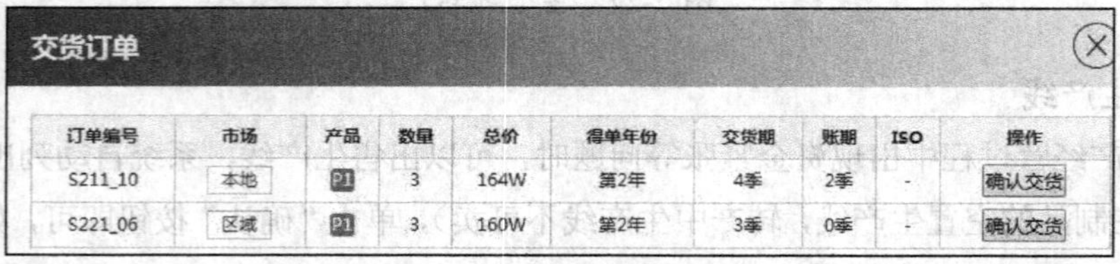

交货订单
订单编号
市场
产品
数量
总价
得单年份
交货期
账期
ISO
操作
S211_10
本地
P1
3
164W
第2年
4季
2季
-
确认交货
S221_06
区域
P1
3
160W
第2年
3季
0季
-
确认交货

图 5-31　按订单交货

13. 产品研发

要想生产某种产品，需首先进行产品研发。系统有 4 种产品 P1、P2、P3、P4，每年产品的投资周期不同。复选操作，需同时选定要开发的所有产品，一季度只允许一次；单击“确认”按钮确认并退出本窗口，一旦退出，则本季度不能再次进入；当季（年）结束系统自动检查研发是否完成。如图 5-32 所示。

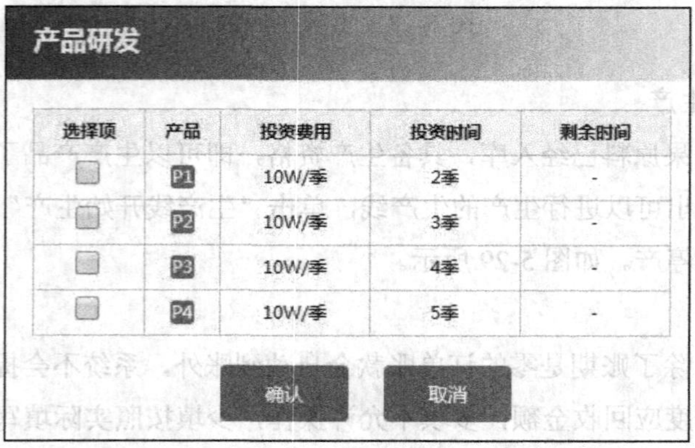

产品研发
选择项
产品
投资费用
投资时间
剩余时间
P1
10W/季
2季
-
P2
10W/季
3季
-
P3
10W/季
4季
-
P4
10W/季
5季
-
确认
取消

图 5-32　产品研发

14．厂房处理

如果拥有厂房但无生产线，可卖出厂房，增加 4Q 应收款，并删除厂房；如果拥有厂房且有生产线，则卖出厂房后增加 4Q 应收款，自动转为租，并扣当年租金，记下租入时间；租入厂房如果离上次付租金满一年，可以转为购买（租转买），并立即扣除现金；如果无生产线，可退租删除厂房；若租入厂房离上次付租金满 1 年，如果不执行本操作，视为续租，并在当季结束时自动扣下一年租金。如图 5-33 所示。

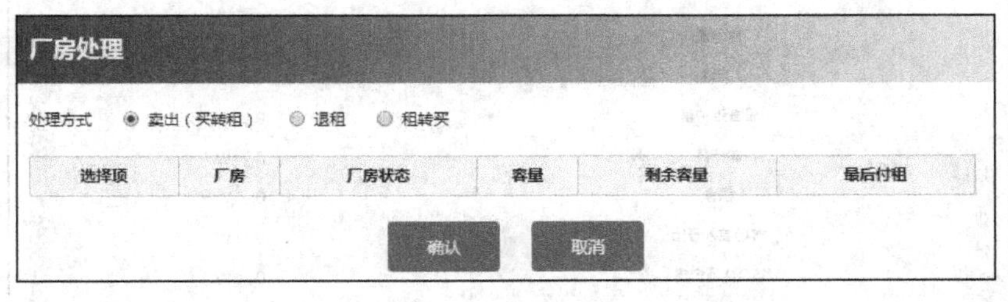

图 5-33　厂房处理

15．市场开拓

在每年的第 4 季度末可以进行市场开拓，有本地、区域、国内、亚洲、国际 5 个市场。要想进入某个市场，必须完成市场开拓。不同的市场投资周期不同。此操作为复选操作。选择所有要开发的市场，然后单击“确认”按钮；只有第 4 季度可操作 1 次；第 4 季度结束，系统会自动检测市场开拓是否完成。如图 5-34 所示。

16．ISO 投资

每年第 4 季度可以进行 ISO 投资，有 ISO 9000 和 ISO 14000 两种认证，投资周期不同，投资金额也不同。复选操作选择所有要开发的市场，然后按“确认”按钮；只有第 4 季度可操作 1 次；第 4 季度结束，系统自动检测开拓是否完成。如图 5-35 所示。

市场开拓

选择项	市场	投资费用	投资时间	剩余时间
	本地	10W/年	1年	-
	区域	10W/年	1年	-
	国内	10W/年	2年	-
	亚洲	10W/年	3年	-
	国际	10W/年	4年	-

确认 取消

图 5-34　市场开拓

图 5-35　ISO 投资

17．当年结束——填写报表

第 4 季度经营结束，需当年结束，确认一年经营完成。系统会自动完成支付第 4 季度管理费、支付租金、检测产品开发完成情况、检测市场开拓及 ISO 开拓完成情况、支付设备维修费、计提折旧、违约扣款。系统完成上述任务后，会在后台自动生成综合费用表、利润表和资产负债表三大报表。需要在客户端填写资产负债表，系统自动检测正确与否，不正确会提示；可以不填写报表，不影响后续经营。如图 5-36 所示。

图 5-36 填写报表

5.3.5 特殊运行任务

1. 厂房贴现

在资金紧张的情况下，可以将厂房卖出，获得现金。任意时间均可操作；如果无生产线，厂房原值售出后，所有售价按四季应收款全部贴现；如果有生产线，则除按售价贴现外，还要再扣除租金；系统自动全部贴现，不允许部分贴现。如图 5-37 所示。

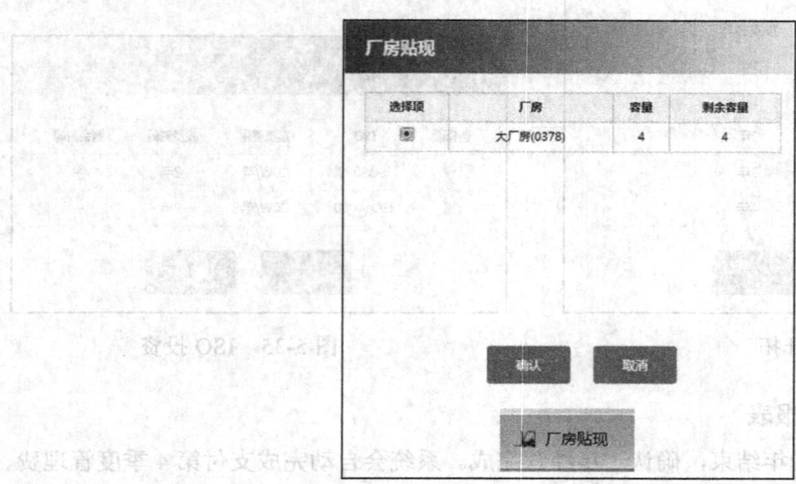

图 5-37 厂房贴现

2. 紧急采购

当不能及时交货或原料供应不及时时，可采用紧急采购。可在任意时间操作（竞单时不允许）。单选需购买的原料或产品，填写购买数量后确认订购；原料及产品的价格列示在右侧栏中；立即扣款到货；购买的原料和产品均按照标准价格计算，高于标准价格的部分记入损失项。如图 5-38 所示。

紧急采购

原料	现有库存	价格	订购量
R1	3	20W	0
R2	9	20W	0
R3	5	20W	0
R4	3	20W	0

确认采购

产品	现有库存	价格	订购量
P1	6	60W	0
P2	0	90W	0
P3	0	120W	0
P4	0	150W	0

确认采购

图 5-38　紧急采购

3. 出售库存

出现现金紧张的情况，也可通过出售库存缓解。可在任意时间操作。填入售出原料或产品的数量，然后确认出售；原料、成品按照系统设置的折扣率回收现金；售出后的损失部分记入费用的损失项；所取现金四舍五入。如图 5-39 所示。

出售库存

产品	库存数量	销售价格	出售数量
P1	5	20.0W/个	0
P2	0	30.0W/个	0
P3	0	40.0W/个	0
P4	1	50.0W/个	0

出售产品

原料	库存数量	销售价格	出售数量
R1	2	8.0W/个	0
R2	9	8.0W/个	0
R3	5	8.0W/个	0
R4	4	8.0W/个	0

出售原料

图 5-39　出售库存

4. 贴现

出现现金紧张情况，可通过应收账款贴现，1 季、2 季与 3 季、4 季分开；1 季、2 季（3 季、4 季）应收款加总贴现；可在任意时间操作；次数不限；填入贴现额应小于等于应收款；输入贴现额×对应贴现率，求得贴现费用（向上取整），贴现费用记入财务支出，其他部分增加现金，如图 5-40 所示。

图 5-40　贴现

5. 商业情报收集（间谍）

商业情报收集任意时间可操作；可查看任意一家企业信息，花费 1W（可变参数）可查看一家企业情况，包括资质、厂房、生产线、订单等；以 Excel 表格形式提供；可以免费获得自己的相关信息。如图 5-41 所示。

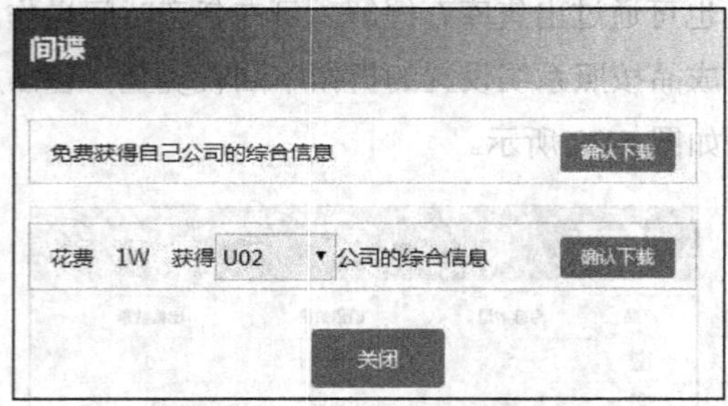

图 5-41　商业情报收集

6. 订单信息

任意时间可操作；可查所有订单信息及状态，了解订单编号、产品、数量、市场、总价、是否违约、交货期、账期等信息，如图 5-42 所示。

订单信息

订单编号	市场	产品	数量	总价	状态	得单年份	交货期	账期	ISO	交货时间
S211_10	本地	P1	3	164W	已交货	第2年	4季	2季	-	第2年第2季
S221_06	区域	P1	3	160W	已交货	第2年	3季	0季	-	第2年第2季

图 5-42　订单信息

7. 市场预测

企业在安排企业生产计划时，需要了解市场需求情况。任意时间可操作；不包括竞单。如图 5-43 所示。

市场预测

市场预测表——均价

序号	年份	产品	本地	区域	国内	亚洲	国际
1	第2年	P1	50.80	51.56	0	0	0
2	第2年	P2	72.83	70.60	0	0	0
3	第2年	P3	91.54	88.00	0	0	0
4	第2年	P4	131.94	134.06	0	0	0
5	第3年	P1	52.77	51.14	49.80	0	0
6	第3年	P2	70.74	69.63	67.83	0	0
7	第3年	P3	87.72	91.27	91.29	0	0
8	第3年	P4	128.94	128.93	123.37	0	0
9	第4年	P1	50.76	51.64	49.57	50.59	0
10	第4年	P2	71.58	71.35	71.00	72.12	0
11	第4年	P3	91.59	91.93	91.96	91.48	0
12	第4年	P4	124.79	130.00	120.95	130.76	0
13	第5年	P1	49.71	51.41	50.62	52.21	51.13
14	第5年	P2	70.19	72.87	71.17	70.35	71.62

（a）市场预测表——均价

市场预测

市场预测表——订单数量

序号	年份	产品	本地	区域	国内	亚洲	国际
1	第2年	P1	12	11	0	0	0
2	第2年	P2	11	8	0	0	0
3	第2年	P3	10	9	0	0	0
4	第2年	P4	8	8	0	0	0
5	第3年	P1	13	11	11	0	0
6	第3年	P2	12	13	11	0	0
7	第3年	P3	12	12	11	0	0
8	第3年	P4	7	7	7	0	0
9	第4年	P1	12	10	11	10	0
10	第4年	P2	10	11	9	10	0
11	第4年	P3	11	12	10	9	0
12	第4年	P4	10	8	7	7	0
13	第5年	P1	9	10	11	10	11
14	第5年	P2	9	9	11	10	11

（b）市场预测表——订单数量

图 5-43　市场预测

市场预测

市场预测表——需求量

序号	年份	产品	本地	区域	国内	亚洲	国际
1	第2年	P1	30	27	0	0	0
2	第2年	P2	30	20	0	0	0
3	第2年	P3	28	23	0	0	0
4	第2年	P4	17	17	0	0	0
5	第3年	P1	31	28	30	0	0
6	第3年	P2	27	35	29	0	0
7	第3年	P3	29	30	28	0	0
8	第3年	P4	18	14	19	0	0
9	第4年	P1	34	22	23	29	0
10	第4年		24	26	22	26	0
11	第4年	P3	22	30	27	21	0
12	第4年	P4	24	23	19	17	0
13	第5年	P1	24	27	21	24	23
14	第5年	P2	21	23	29	26	26

（c）市场预测表——需求量

图 5-43　市场预测（续）

8. 破产检测

广告投放完毕、当季开始、当季（年）结束、更新原料库等时，系统会自动检测已有现金加上最大贴现及出售所有库存（一项项出售）及厂房贴现是否足够本次支出，如果不够，则破产退出系统。如需继续经营，联系管理员（教师）进行处理。

当年结束，若权益为负，则破产退出系统。如需继续经营，联系管理员（教师）进行处理。

9. 组间交易

各队之间协商一致后，可以到管理员处进行组间交易，管理员单击“组间交易”按钮，选择出货方（卖方）、入货方（买方）、交易产品、数量及总价，单击“提交”确认即可完成组间交易。出货方账务处理视同销售，入货方视同紧急采购；只允许现金交易，并且只能交易产成品 P1、P2、P3、P4；交易双方必须在同一年份才能进行组间交易。

10. 新商战“三表”编制与提交

单击主页面下方操作区中“填写报表”菜单，弹出报表对话框，依次在综合费用表、利润表、资产负债表的编辑框内输入相应的计算数值，3 张表填写过程中都可以单击“保存”按钮，暂时保存数据。单击“提交”按钮，即可提交结果，系统计算数据是否正确，并在教师端公告信息中显示判断结果。

综合费用表反映企业期间费用的情况，具体包括：管理费用、广告费、设备维护费、厂房租金、市场开拓费、ISO 认证费、产品研发费、信息费和其他等项目。其中信息费是企业为查看竞争对手的财务信息而支付的费用，具体由规则确定。

利润表反映企业当期的盈利情况，具体包括：销售收入、直接成本、综合费用、折旧、财务费用、所得税等项目。其中销售收入为当期按订单交货后取得的收入总额，直接成本为当期销售产品的总成本，综合费用根据“综合费用表”中合计数填列，折旧为期生产线折旧额，财务费用为当期借款所产生的利息总额，所得税根据利润总额计算。

此外，下列项目由系统自动，公式如下：

销售毛利=销售收入-直接成本

折旧前利润=销售毛利-综合费用

支付利息前利润=折旧前利润-折旧

税前利润=支付利息前利润-财务费用

净利润=税前利润-所得税

资产负债表反映企业当期财务状况，包括：现金（库存现金）、应收款、在制品、产成品、原材料等流动资产，土地建筑物、机器设备和在建工程等固定资产，长期负债、短期负债、特别贷款、应交税金额（应交税费）等负债，以及股东资本、利润留存、年度净利等所有者权益项目。

相关项目填列方法如下。

现金（库存现金）根据企业现金结存数填列。

应收款根据应收款余额填列。

在制品根据在产品的产品成本填列。

产成品根据结存在库的完工产品总成本填列。

原材料根据结存在库的原材料总成本填列。

土地建筑物根据购入的厂房总价值填列。

机器设备根据企业拥有的已经建造完成的生产线的总净值填列。

在建工程根据企业拥有的在建生产线的总价值填列。

长期负债根据长期借款余额填列。

短期负债根据短期借款余额填列。

特别贷款根据贷款总额填列（一般不会发生）。

应交税金额（应交税费）根据计算出的应缴纳的所得税金额填列。

股东资本根据企业收到的股东注资总额填列。

利润留存根据截至一年末企业的利润结存情况填列。

年度利润根据本年度的利润表中净利润填列。

学以致用

在教师的指导下完成商战实践平台的操作。

学习评价

评价分质评和量评两种方式。首先，由组长组织进行组内成员互相评价；其次，由教师进行点评。小组成员评价和教师评价各占50%，将考核情况填入表5-3和表5-4得分栏目中。

1. 职业素养测评表

在□中打√，A通过，B基本通过，C未通过。

表5-3 职业素养测评表5

职业素养	评估标准	自测结果
自我学习	1. 能进行时间管理； 2. 能选择适合自己的学习和工作方式； 3. 能随时修订计划并进行意外处理； 4. 能将已经学到的东西用于新的工作任务	□A □B □C □A □B □C □A □B □C □A □B □C
信息处理	1. 能根据不同需要去搜寻、获取并选择信息； 2. 能筛选信息，并进行信息分类； 3. 能使用多媒体等手段来展示信息	□A □B □C □A □B □C □A □B □C
工作态度	1. 工作积极主动、认真负责，恪守诚信，追求严谨； 2. 服从组长安排，无旷工，不迟到早退，不做与项目无关的事情	□A □B □C □A □B □C
工作效率	保持良好的工作环境，有效利用各种工具，按时、高质量地完成任务	□A □B □C
与人交流、合作	1. 能把握交流的主题、时机和方式； 2. 能理解对方谈话的内容，准确表达自己的观点； 3. 能挖掘合作资源，明确自己在合作中能够起到的作用； 4. 能同合作者进行有效沟通，理解个性差异及文化差异	□A □B □C □A □B □C □A □B □C □A □B □C
解决问题	1. 能说明何时出现问题并指出其主要特征； 2. 能做出解决问题的计划并组织实施计划； 3. 能对解决问题的方法适时做出总结和修改	□A □B □C □A □B □C □A □B □C
革新、创新	1. 能发现事物的不足并提出新的需要； 2. 能创新性地提出改进事物的意见和具体方法； 3. 能从多种方案中选择最佳方案，在现有条件下进行实施	□A □B □C □A □B □C □A □B □C

学生签字： 教师签字： 20 年 月 日

2. 专业能力测评表

表5-4 专业能力测评表5

评价内容	权重	考核点	考核得分		
			小组评价	教师评价	综合得分
职业素养（20分）	10	资料整洁，摆放整齐			
	10	任务完成后，整齐摆放操作工具及凳子，保持工作台面整洁			
作品（80分）	80	完成规定的任务分工、受训过程、学生总结等工作任务。内容完整，格式整齐，语句通顺，文字优美。总结交流仪表端庄，口齿流利，总结到位			

组长签字： 教师签字： 20 年 月 日

用友 ERP 沙盘模拟实训总结

能力目标

掌握实训总结报告的撰写。

工作任务

1. 讨论确定每天的工作任务。
2. 总结每天的实训成果。
3. 分析实训的成败得失。

6.1 学生日常记录

任务描述

成长在于积累。笔记是积累的一种方式。它记录了你的发现、你的成长、你的感悟。把它们收集起来，这是你的财富，也是你永久的珍藏。

任务实施

学生每天对实训的情况进行记录，记录学会的知识点或技能点及任务完成的情况，遇到了哪些问题，有何启迪等。

实训总结如表 6-1 所示。

表 6-1　　第　　天　实训总结

时间：　　　　　　工作任务：

学会了什么（记录知识或技能点）？任务完成情况如何？
你遇到了哪些问题，有何启迪？

6.2 学生个人总结

任务描述

实训结束前一天，学生撰写实训总结。学生总结提纲：简述所在企业的经营状况，分析实训过程中应注意的关键点和原因；总结所担任角色的得与失；对自身下一步学习发展的意见和建议。

任务实施

学生自我总结从3个方面总结。

（1）简述所在企业的经营状况，企业成败的关键点和原因、分析实训过程中应注意的关键点和原因；

（2）总结所担任角色的得与失；

（3）对自身下一步学习发展的意见和建议。

（不够可另加附页）

6.3 学生小组总结

任务描述

实训结束前一天，学生小组撰写实训总结。学生总结提纲：简述所在企业的经营状况，对企业经营进行再规划，分析所在企业下一步发展的意见和建议。

任务实施

学生小组总结从 3 个方面总结。

（1）简述所在企业的经营状况；

（2）对企业经营再规划；

（3）改进工作的思路。

（不够可另加附页）

6.4 学生实训总结交流

任务描述

学习别人的长处，弥补自己的短处。实训最后一天上午在每个小组内交流的基础上，每组派 1 名代表进行总结交流。

任务实施

（1）组长召开总结会，总结本次实训的完成情况；

（2）组员自由发言，总结自己的工作情况及与其他组员的配合情况，对自己的工作的满意度进行评价；

（3）组长小结，对本组成员工作满意度的分析，并对本次任务中存在的问题提出改进措施；

（4）确定本组的代表参加小组总结交流，其代表不一定都是 CEO，也可以是其他成员，同时允许个别发言，作为补充。

实训总结交流：

6.5 指导老师点评与分析

任务描述

实训指导老师对每个小组的实训过程和总结交流情况进行点评，指出每组的收获和存在的问题。

任务实施

实训指导老师在每个小组代表交流总结发言完毕后，对每个小组进行综合评价，指出每个小组的得与失。

教师点评与分析

学以致用

实训结束了，是否有意犹未尽的感觉。结束也意味着新的开始，好好回顾一下几天来的课程，

你最主要的收获是什么？关于课程有哪些建议？

学习评价

评价分质评和量评两种。首先，由组长组织进行组内成员互相评价；其次，由教师进行点评。小组成员评价和教师评价各占 50%，将考核情况填入表 6-2 和表 6-3 得分栏目中。

1. 职业素养测评表

在□中打 √，A 通过，B 基本通过，C 未通过。

表 6-2　　职业素养测评表 6

职业素养	评估标准	自测结果
自我学习	1. 能进行时间管理	□A　□B　□C
	2. 能选择适合自己的学习和工作方式	□A　□B　□C
	3. 能随时修订计划并进行意外处理	□A　□B　□C
	4. 能将已经学到的东西用于新的工作任务	□A　□B　□C
信息处理	1. 能根据不同需要去搜寻、获取并选择信息	□A　□B　□C
	2. 能筛选信息，并进行信息分类	□A　□B　□C
	3. 能使用多媒体等手段来展示信息	□A　□B　□C
工作态度	1. 工作积极主动、认真负责，恪守诚信、追求严谨	□A　□B　□C
	2. 服从组长安排，无旷工，不迟到早退，不做与项目无关的事情	□A　□B　□C
工作效率	保持良好的工作环境，有效利用各种工具，按时、高质量地完成任务	□A　□B　□C
与人交流、合作	1. 能把握交流的主题、时机和方式	□A　□B　□C
	2. 能理解对方谈话的内容，准确表达自己的观点	□A　□B　□C
	3. 能挖掘合作资源，明确自己在合作中能够起到的作用	□A　□B　□C
	4. 能同合作者进行有效沟通，理解个性差异及文化差异	□A　□B　□C
解决问题	1. 能说明何时出现问题并指出其主要特征	□A　□B　□C
	2. 能做出解决问题的计划并组织实施计划	□A　□B　□C
	3. 能对解决问题的方法适时做出总结和修改	□A　□B　□C
革新、创新	1. 能发现事物的不足并提出新的需要	□A　□B　□C
	2. 能创新性地提出改进事物的意见和具体方法	□A　□B　□C
	3. 能从多种方案中选择最佳方案，在现有条件下进行实施	□A　□B　□C

学生签字：　　　　教师签字：　　　　20　　年　　月　　日

2. 专业能力测评表

表 6-3　　专业能力测评表 6

评价内容	权重	考核点	考核得分		
			小组评价	教师评价	综合得分
职业素养（20 分）	10	资料整洁，摆放整齐			
	10	任务完成后，整齐摆放操作工具及凳子，保持工作台面整洁			
作品（80 分）	80	完成规定的学生日常记录、学生总结、经验交流等资料。内容完整，格式整齐，语句通顺，文字优美。总结交流仪表端庄，口齿流利，总结到位			

组长签字：　　　　教师签字：　　　　20　　年　　月　　日

第十二届全国大学生“新道杯”沙盘模拟经营大赛全国总决赛（本科组）竞赛规则

附录

一、参赛队员分工

比赛采取团队竞赛方式，每支参赛队 5 名参赛选手，1 名指导老师。每支代表队模拟一家生产制造型企业，与其他参赛队模拟的同质企业在同一市场环境中展开企业经营竞争。参赛选手分别担任如下角色：总经理（CEO）、财务总监（CFO）、生产总监（CPO）、营销总监（CMO）、采购总监（CLO）。

二、运行方式及监督

本次大赛采用“新道新商战沙盘系统 V5.0”（以下简称“系统”）与实物沙盘和手工记录相结合的方式运作企业，即所有的决策及计划执行在实物沙盘上进行，并进行手工台账记录，最后的运行在“系统”中确定，最终结果以“系统”为准。各队参加市场订货会，交易活动，包括贷款、原料入库、交货、应收账款贴现及回收等，均在在本地计算机上完成。

各参赛队应具备至少两台具有有线网卡的笔记本电脑（并自带纸、笔、橡皮），同时接入局域网，作为运行平台，并安装录屏软件。比赛过程中，学生务必启动录屏文件，全程录制经营过程，建议每一年经营录制为一个独立的文件。一旦发生问题，以录屏结果为证，裁决争议。如果擅自停止录屏过程，按系统的实际运行状态执行（请注意：需同时提供两台接入网络的计算机的录屏文件）。

两台计算机同时接入，任何一台操作均是有效的，但A机操作，B机状态并不会自动同步更新，所以请做好队内沟通。可执行F5刷新命令随时查看实时状态。

比赛期间带队老师不允许入场；所有参赛队员不得使用手机与外界联系，不允许拍照，计算机仅限于作为系统运行平台，可以自制辅助计算工具。若发现参赛选手使用通信工具与外界联系，则取消参赛资格。

比赛期间计时以本赛区所用服务器上时间为准，赛前选手可以按照服务器时间调整自己计算机上的时间。

大赛设裁判组，负责大赛中所有比赛过程的监督和争议裁决。

自带计算机操作系统和浏览器要保持干净，无病毒；请安装谷歌浏览器，同时需要安装flash player插件；请各队至少多备1台计算机，以防万一。

三、企业运营流程

企业运营流程建议按照运营流程表中列示的流程执行，比赛期间不能还原。

每年经营结束后，各参赛队需要在系统中填制综合费用表、利润表和资产负债表，如附图1所示。如果不填，则视同报表错误1次，并扣分（详见罚分规则），但不影响经营。此次比赛不需要交纸质报表给裁判核对。

（1）3张报表均需填写，请注意报表切换，请使用同1台计算机提交；

（2）单击“保存”按钮可暂存已填写内容，请全部填写完毕后再做提交，提交后无法再做修改；

（3）数值为0时必须填写阿拉伯数字“0”，不填数字系统也视同填报错误。

综合费用表

综合费用表　利润表　资产负债表

管理费	0 W
广告费	0 W
设备维护费	0 W
转产费	0 W
租金	0 W
市场准入开拓	0 W
ISO认证资格	0 W
产品研发费	0 W
信息费	0 W

提交　保存

附图1　填制综合费用表、利润表和资产负债表

四、竞赛规则

1. 融资规则（见附表 1）

附表 1　　融资规则

<table>
<tr><th>贷款类型</th><th>贷款时间</th><th>贷款额度</th><th>年利息</th><th>还款方式</th></tr>
<tr><td>长期贷款</td><td>每年年初</td><td rowspan="2">所有长贷和短贷之和不能超过上年权益的 3 倍</td><td>14%</td><td>年初付息，到期还本；每次贷款为大于 10 的整数</td></tr>
<tr><td>短期贷款</td><td>每季度初</td><td>6%</td><td>到期一次还本付息；每次贷款为大于 10 的整数</td></tr>
<tr><td>资金贴现</td><td>任何时间</td><td>视应收款额</td><td>10%（1 季，2 季），12.5%（3 季，4 季）</td><td>贴现各账期分开核算，分开计息</td></tr>
<tr><td>库存拍卖</td><td colspan="4">原材料 8 折，成品按成本价</td></tr>
</table>

规则说明如下。

（1）长期和短期贷款信用额度。长短期贷款的总额度（包括已借但未到还款期的贷款）为上年权益总计的 3 倍，长期贷款、短期贷款必须为大于等于 10W 的整数申请。例：第 1 年所有者权益为 358，第 1 年已借 4 年期长贷 506W（且未申请短期贷款），则第 2 年可贷款总额度为：358×3-506=568W。

（2）贷款规则。

a．长期贷款每年必须支付利息，到期归还本金。长期贷款最多可贷 5 年。

b．结束年时，不要求归还没有到期的各类贷款。

c．短期贷款年限为 1 年，如果某一季度有短期贷款需要归还，且同时还拥有贷款额度时，必须先归还到期的短期贷款，才能申请新的短期贷款。

d．所有的贷款不允许提前还款。

e．企业间不允许私自融资，只允许企业向银行贷款，银行不提供高利贷。

f．贷款利息计算时四舍五入。例：短期贷款 210W，则利息为：210×6%=12.6W，四舍五入，实际支付利息为 13W。

g．长期贷款利息是根据长期贷款的贷款总额乘以利率计算。例：第 1 年申请 504W 长期贷款，第 2 年申请 204W 长期贷款，则第 3 年所需要支付的长期贷款利息=（504+204）×14%=99.12W，四舍五入，实际支付利息为 99W。

（3）贴现规则。应收款分季度计算贴息，如附图 2 所示，应收款 1 季贴现 26W，2 季贴现 424W，贴息为：1 账期应收款贴息=26×10%=2.6≈3W，2 账期应收款贴息=424×10%=42.4≈43W，贴息总额=3+43=46W。

（4）出售库存规则。

a．原材料打 8 折出售。例：出售 1 个 R1 原材料获得 10×0.8=8W。

b．出售产成品按产品的成本价计算。例：出售 1 个 P2 获得 1×29=29W。

贴现

剩余账期	应收款	贴现额
1季	1115 W	26 W
2季	424 W	424 W

附图 2　应收款分季度计算贴息

2. 厂房规则（见附表 2）

附表 2　　厂房规则

厂房	买价	租金	售价	容量
大厂房	444W	44W/年	444W	5 条
中厂房	333W	33W/年	333W	4 条
小厂房	233W	23W/年	23W	3 条

规则说明如下。

（1）租用或购买厂房可以在任何季度进行。如果决定租用厂房或者厂房买转租，租金在开始租用的季度交付，即从现金处取等量钱币，放在租金费用处。一年租期到期时，如果决定续租，需重复以上动作。

（2）厂房租入后，一年后可作租转买、退租等处理（例：第一年第一季度租厂房，则以后每一年的第一季度末"厂房处理"均可"租转买"），如果到期没有选择"租转买"，系统自动做续租处理，租金在"当季结束"时和"行政管理费"一并扣除。

（3）要新建或租赁生产线，必须购买或租用厂房，没有租用或购买厂房不能新建或租赁生产线。

（4）如果厂房中没有生产线，可以选择厂房退租。

（5）厂房出售得到 4 个账期的应收款，紧急情况下可进行厂房贴现（4 季贴现），直接得到现金，如厂房中有生产线，同时要扣租金。

（6）厂房使用可以任意组合，但总数不能超过 4 个；如租 4 个小厂房或买 4 个大厂房或租 1 个大厂房买 3 个中厂房。

3. 生产线规则（见附表 3）

附表 3　　生产线规则

生产线	购置费	安装周期	生产周期	总转产费	转产周期	维修费	残值
超级手工线	35W	无	2Q	0W	无	8W/年	9W
租赁线	0W	无	1Q	20W	1Q	66W/年	-88W
自动线	144W	4Q	1Q	20W	1Q	19W/年	20W
柔性线	201W	3Q	1Q	0W	无	21W/年	45W

规则说明如下。

（1）在"系统"中新建生产线，需先选择厂房，然后选择生产线的类型，特别要确定生产产品的类型（产品标识必须摆上）；生产产品一经确定，本生产线所生产的产品便不能更换，如需更换，须在建成后进行转产处理。

（2）每次操作可建一条生产线，同一季度可重复操作多次，直至生产线位置全部铺满。自动线和柔性线待最后一期投资到位后，必须到下一季度才算安装完成，允许投入使用。超级手工线和租赁线当季购入（或租入）当季即可使用。

（3）新建生产线一经确认，即刻进入第一期在建，当季便自动扣除现金。

（4）不论何时出售生产线，从生产线净值中取出相当于残值的部分计入现金，净值与残值之差计入损失。

（5）只有空的并且已经建成的生产线方可转产。

（6）当年建成的生产线、转产中生产线都要交维修费；凡已出售的生产线（包括退租的租赁线）和新购正在安装的生产线不交纳维护费。

（7）生产线不允许在不同厂房移动。

（8）租赁线不需要购置费，不用安装周期，不提折旧，维修费可以理解为租金；其在出售时（可理解为退租），系统将扣清费用，记入损失；该类生产线不计小分。

生产线折旧一般采用平均年限法，如附表4所示。

附表4　　生产线折旧（平均年限法）

生产线	购置费	残值	建成第1年	建成第2年	建成第3年	建成第4年	建成第5年
超级手工线	33W	9W	0	6W	6W	6W	6W
自动线	144W	20W	0	31W	31W	31W	31W
柔性线	201W	45W	0	39W	39W	39W	39W

当年建成生产线当年不提折旧，当净值等于残值时生产线不再计提折旧，但可以继续使用。

4. 产品研发

要想生产某种产品，先要获得该产品的生产许可证，而要获得生产许可证，则必须经过产品研发。P1、P2、P3、P4、P5 产品都需要研发后才能获得生产许可。研发需要分期投入研发费用。投资规则如附表5所示。

附表5　　投资规则

名称	开发费用	开发总额	开发周期	加工费	直接成本	产品组成
P1	7W/季	21W	3季	13W/个	21W/个	R2
P2	14W/季	28W	2季	8W/个	29W/个	R3+R4
P3	10W/季	40W	4季	12W/个	41W/个	R1+R2+R4
P4	13W/季	52W	4季	8W/个	49W/个	P1+R1+R3
P5	13W/季	65W	5季	14W/个	62W/个	P2+R2+R4

产品研发可以中断或终止，但不允许超前或集中投入。已投资的研发费不能回收；如果开发没有完成，"系统"不允许开工生产。

5. ISO资格认证规则（见附表6）

附表6 ISO资格认证规则

ISO类型	每年研发费用	年限	全部研发费用
ISO 9000	66W/年	1年	66W
ISO 14000	22W/年	3年	66W

市场对ISO有极高的要求，ISO开发无须交维护费，中途停止使用，也可继续拥有资格，并在以后年份使用；ISO认证，只有在第4季度末才可以操作。

6. 市场开拓规则（见附表7）

附表7 市场开拓规则

市场	每年开拓费	开拓年限	全部开拓费用
本地	11W	1年	11W
区域	11W	1年	11W
国内	11W	2年	22W
亚洲	9W	3年	27W
国际	11W	4年	44W

无须交维护费，中途停止使用，也可继续拥有资格并在以后年份使用；市场开拓，只有在第4季度才可以操作；投资中断已投入的资金依然有效。

7. 原料（见附表8）

附表8 原料

名称	购买价格	提前期
R1	10W/个	1季
R2	8W/个	1季
R3	10W/个	2季
R4	11W/个	2季

（1）没有下订单的原材料不能采购入库。

（2）所有预订的原材料到期必须全额现金购买。

（3）紧急采购时，原料是直接成本的2倍，例如，在紧急采购R1为20W/个，在利润表中，直接成本仍然按照标准成本记录，紧急采购多付出的成本计入综合费用表中的“损失”。

8. 选单规则

在一个回合中，每投放8W广告费理论上将获得一次选单机会，此后每增加16W理论上多一次选单机会。例如：本地P1投入24W表示最多有2次选单机会，但是能否选到2次取决于市场需求及竞争态势。如果投小于8W广告则无选单机会，但仍扣广告费，对计算市场广告额有效。广告投放可以是非8倍数，如11W、12W，且投12W比投11W或10W优先选单。

投放广告，裁判只宣布的最迟投放时间，最早投放时间不做限定，即你在系统里当年经营结束后即可马上投下一年的广告。

选单时首先以当年本市场本产品广告额投放大小顺序依次选单；如果两队本市场本产品广告额

相同，则看本市场广告投放总额；如果本市场广告总额也相同，则看上年本市场销售排名；如仍无法决定，先投广告者先选单。第1年无订单。

选单时，两个市场同时开单，各队需要同时关注2个市场的选单进展，其中1个市场先结束，则第3个市场立即开单，即任何时候会有2个市场同开，除非到最后只剩下1个市场选单未结束。如某年有本地、区域、国内、亚洲4个市场有选单。则系统将本地、区域同时放单，各市场按P1、P2、P3、P4、P5顺序独立放单，若本地市场选单结束，则国内市场立即开单，此时区域、国内二市场保持同开，紧接着区域结束选单，则亚洲市场立即放单，即国内、亚洲二市场同开。选单时各队需要点击相应的市场按钮（如“国内”），某一市场选单结束，系统不会自动跳到其他市场。

本次比赛无市场老大。

（1）出现确认框要在倒计时大于5秒时单击“确认”按钮，否则可能造成选单无效；

（2）在某细分市场（如本地P1）有多次选单机会，只要放弃一次，则视同放弃该细分市场所有选单机会。

选单界面如附图3所示。

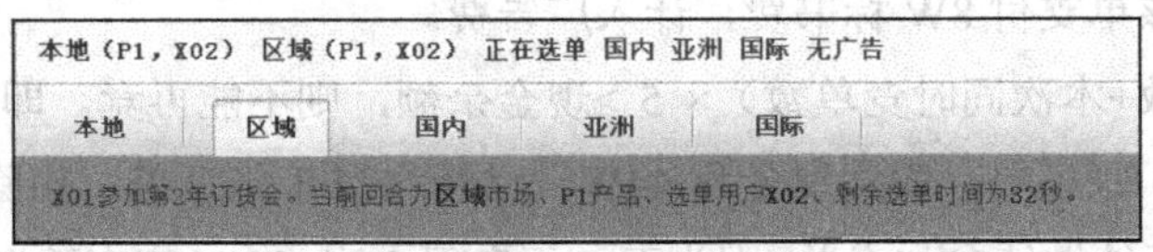

附图3 选单界面

选择相应的订单，单击“选中”按钮，如附图4所示，系统将提示是否确认选中该订单，如附图5所示。

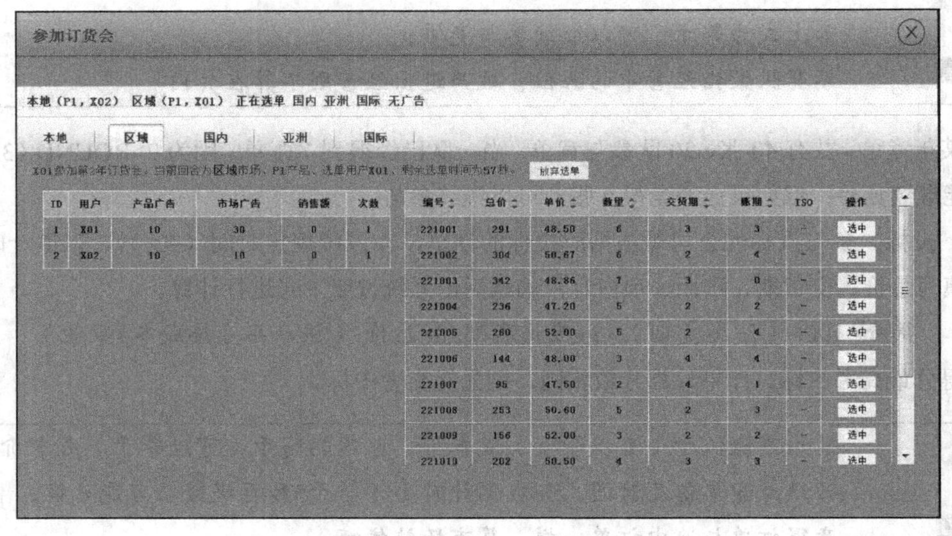

ID	用户	产品广告	市场广告	销售额	次数
1	X01	10	30	0	1
2	X02	10	10	0	1

编号	总价	单价	数量	交货期	账期	ISO	操作
221001	291	48.50	6	3	3	-	选中
221002	304	50.67	6	2	4	-	选中
221003	342	48.86	7	3	0	-	选中
221004	236	47.20	5	2	2	-	选中
221005	260	52.00	5	2	4	-	选中
221006	144	48.00	3	4	4	-	选中
221007	95	47.50	2	4	1	-	选中
221008	253	50.60	5	2	3	-	选中
221009	156	52.00	3	2	2	-	选中
221010	202	50.50	4	3	3	-	选中

附图4 单击“选中”按钮

单击“确认”按钮，系统会提示成功获得订单，如附图6所示。

注意：出现确认框后，要在倒记时大于5秒后，单击“确认”按钮，否则可能造成选单无效。

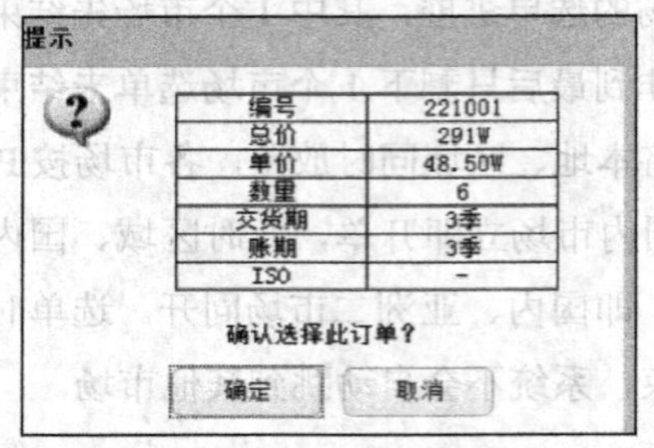

附图5　单击“确认”按钮

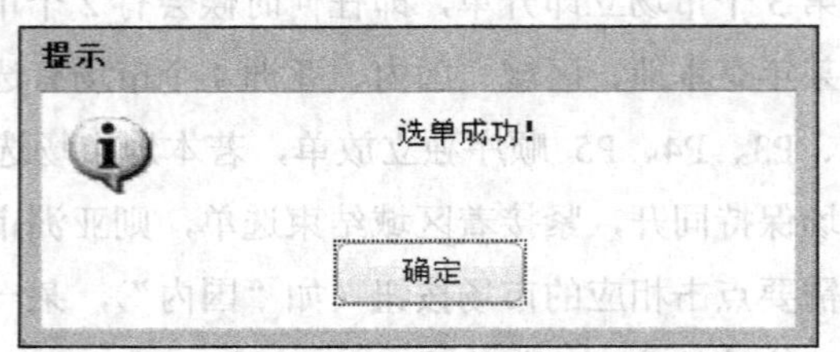

附图6　选单成功

9. 竞单会

在第3年和第5年订货会后，召开竞单会。系统一次同时放3张订单同时竞，具体竞拍订单的信息将和市场预测图一起下发。参与竞标的订单标明了订单编号、市场、产品、数量、ISO要求等，而总价、交货期、账期3项为空。竞标订单的相关要求说明如下。

（1）投标资质。参与投标的公司需要有相应市场、ISO认证的资质，但不必有生产资格。

中标的公司需为该单支付8W标书费，计入广告费。

如果（已竞得单数+本次同时竞单数）× 5 >现金余额，则不能再竞。即必须有一定现金库存作为保证金。如同时竞3张订单，库存现金为44W，已经竞得3张订单，扣除了24W标书费，还剩余20W库存现金，则不能继续参与竞单，因为万一再竞得3张，20W库存现金不足支付标书费24W。

为防止恶意竞单，对竞得单张数进行限制，如果{某队已竞得单张数>ROUND（3×该年竞单总张数/参赛队数）}，则不能继续竞单。

ROUND 表示四舍五入；

如上式为等于，可以继续参与竞单；

参赛队数指经营中的队伍，破产退出经营则不算在其内。

如某年竞单，共有40张，20队参与竞单，当一队已经得到7张单，因为7>ROUND（3×40/20），所以不能继续竞单；但如果已经竞得6张，可以继续参与。

（2）投标。参与投标的公司须根据所投标的订单，在系统规定时间（90秒，以倒计时秒形式显示）填写总价、交货期、账期3项内容，确认后由系统按照下式进行计算。

得分=100+（5-交货期）×2+应收账期-8×总价/（该产品直接成本×数量）

以得分最高者中标。如果计算分数相同，则先提交者中标。

总价不能低于（可以等于）成本价，也不能高于（可以等于）成本价的3倍；

必须为竞单留足时间，如在倒计时小于等于5秒再提交，可能无效；

竞得订单与选中订单一样，算市场销售额。

10. 订单违约

订单必须在规定季或提前交货，应收账期从交货季开始算起。应收款收回系统自动完成，不需要各队填写收回金额。

11. 取整规则（均精确或舍到个位整数）

违约金扣除——四舍五入；

库存拍卖所得现金——向下取整；

贴现费用——向上取整；

扣税——四舍五入；

长短贷利息——四舍五入。

12. 关于违约问题

所有订单要求在本年度内完成（按订单上的产品数量和交货期交货）。如果订单没有完成，则视为违约订单，按下列条款加以处罚。

（1）分别按违约订单销售总额的22%（四舍五入）计算违约金，并在当年第4季度结束后扣除，违约金记入“损失”。例：某组违约了2张订单，如附图7所示。

订单编号	市场	产品	数量	总价	状态	得单年份	交货期	账期	ISO	交货期
180016	自本地	P2	2	146 W	违约	第2年	3季	0季	-	-
180011	自本地	P1	1	60 W	已交单	第2年	2季	1季	-	第2年1季
180006	自本地	P1	3	162 W	违约	第2年	3季	2季	-	-

附图7　某组违约了2张订单

则缴纳的违约金分别为：146×22%=32.12W≈32W；162×22%=35.64W≈36W；合计为32+36=68W。

（2）违约订单一律收回。

13. 重要参数（见附表9）

附表9　重要参数

项目	参数	项目	参数
违约金比例	22.0%	贷款额倍数	3倍
产品折价率	100.0%	原料折价率	80.0%
长贷利率	14.0%	短贷利率	6.0%
1、2期贴现率	10.0%	3、4期贴现率	12.5%
初始现金	666W	管理费	11W
信息费	1W	所得税率	25.0%
最大长贷年限	5年	最小得单广告额	8W
原料紧急采购倍数	2倍	产品紧急采购倍数	3倍
选单时间	45秒	首位选单补时	20秒
市场同开数量	2	市场老大	无
竞单时间	90	竞单同竞数	3
最大厂房数量	4个		

14. 竞赛排名

6年经营结束后，将根据各队的总成绩进行排名，分数高者排名在前。

总成绩=所有者权益×（1+企业综合发展潜力/100）−罚分

企业综合发展潜力如附表10所示。

附表10 企业综合发展潜力

项目	综合发展潜力系数
自动线	+10/条
柔性线	+10/条
本地市场开发	+7
区域市场开发	+7
国内市场开发	+8
亚洲市场开发	+9
国际市场开发	+10
ISO 9000	+8
ISO 14000	+10
P1产品开发	+7
P2产品开发	+8
P3产品开发	+9
P4产品开发	+10
P5产品开发	+11
大厂房	+10
中厂房	+8
小厂房	+7

如有若干队分数相同，则参照各队第6年经营结束后的最终权益，权益高者排名在前；若权益仍相等，则参照第6年经营结束时间，先结束第6年经营的队伍排名在前。

生产线建成即加分（第6年年末缴纳维修费的生产线才算建成），无须生产出产品，也无须有在制品。租赁线无加分。

15. 罚分细则

（1）运行超时扣分。运行超时有两种情况：一是指不能在规定时间完成广告投放（可提前投广告）；二是指不能在规定时间完成当年经营（以单击系统中“当年结束”按钮，并确认为准）。

处罚：按总分50分/分钟（不满1分钟按1分钟计算）计算罚分，最多不能超过10分钟。如果到10分钟后还不能完成相应的运行，将取消其参赛资格。

投放广告时间、完成经营时间及提交报表时间系统均会记录，作为扣分依据。

（2）报表错误扣分。必须按规定时间在系统中填制综合费用表、利润表、资产负债表，如果上交的报表与系统自动生成的报表对照有误，在总得分中扣罚250分/次，并以系统提供的报表为准修订。

系统对上交报表时间会作规定，延误交报表即视为错误1次，即使后来在系统中填制正确也要扣分。由运营超时引发延误交报表视同报表错误并扣分（即如果某队超时4分钟，将被扣除50×4+250=450分）。

（3）本次比赛需要摆放物理盘面，看盘期间（每年经营结束后由裁判宣布看盘时间），需要如实回答看盘者提问，也不能拒绝看盘者看计算机屏幕并查看其中任何信息（看盘者不能操作他队计算机，只能要求查看信息）。看盘时各队至少留1人。摆盘情况由裁判每年结束时，随机抽取队伍进行核对，发现错误后予以扣分。如果经裁判核实后发现摆盘错误，扣250分/次，但不接受各队举报！

（4）其他违规扣分。在运行过程中下列情况属违规。

① 对裁判正确的判罚不服从；

② 其他严重影响比赛正常进行的活动。

有以上行为者，视情节轻重，在第6年经营结束后扣除该队总得分的500～2 000分。

（5）所有罚分在第6年经营结束后计算总成绩时一起扣除。

16. 破产处理

当参赛队权益为负（指当年结束系统生成资产负债表时为负）或现金断流时（权益和现金可以为零），企业破产。参赛队破产后，直接退出比赛。

17. 关于摆盘和巡盘

本次大赛过程中使用便签纸摆盘，只需要摆出当年结束状态，中间过程不要求。本次摆盘只要求摆出生产线（含在制品）、在建工程、贷款、现金、应收款（包括金额与账期）、原料库存、在途材料、产成品库存、各种资格，厂房；不需要摆各类费用；巡盘期间至少留1人在本组。不允许拍照，不允许操作对手计算机。

现金及应收款——在便签纸条上手工填写金额，放在相应位置；

贷款——在便签纸条上手工填写金额，放在相应位置；

原料及产品库存——在便签纸条上手工填写数量，放在对应的仓库；

生产线——将生产线放在相应的厂房处；

在建工程——将投资金额放在生产线上（背面朝上），在生产线标识处放上所生产产品标识；

生产线净值——手工填写便签纸条上放净值处；

在制品——用产品标识放置于生产线相应生产周期处；

各类资格——投入完成，摆上便签纸，标明相应资格，未完成须注明投入金额。

18. 网络设置、服务器地址及登录注意事项

每个队分配 2 个 IP，根据所分配的队号设置。例如：队号为 01 组，则 IP 为 192.168.0.101 和 192.168.0.201，依此类推。请在本地连接中设置，见附图 8。考虑操作系统的区别，IP 设置略有不同，请各队提前学会如何设置 IP，比赛时相关人员不负责指导。

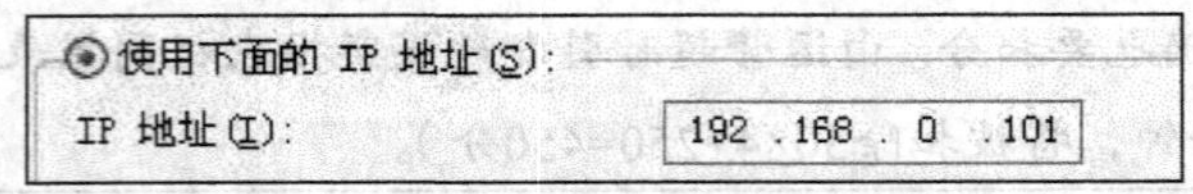

附图 8 设置 IP

子网掩码、网关、DNS 可不设。

服务器地址统一为 192.168.0.8；登录地址为 http://192.168.0.8/。

五、其他说明

（1）本次比赛中，各企业之间不允许进行任何交易，包括现金及应收款的流通、原材料、产成品的买卖等。

（2）企业每年的运营时间为 1 小时（不含选单时间，第一年运营时间为 45 分钟），如果发生特殊情况，经裁判组同意后可作适当调整。

（3）比赛过程中，学生端必须启动录屏系统，用于全程录制经营过程，把每一年经营录制为一个独立的文件。一旦发生问题，以录屏结果为证，裁决争议。如果擅自停止录屏过程，按教师端服务器系统的实际运行状态执行。录屏软件由各队在比赛前安装完成，并提前学会如何使用。

（4）比赛期间，各队自带笔记本，允许使用自制的计算工具，但每组笔记本均不允许连入外网，违者直接取消比赛资格。

（5）每一年投放广告结束后，将给各组 2～3 分钟的时间观看各组广告单；每一年经营结束后，裁判将公布各队综合费用表、利润表、资产负债表。

（6）每一年经营结束后，将有 15 分钟看盘时间，看盘期间各队至少要留一名选手在组位，否则后果自负。看盘期间各队必须保证盘面真实有效（包括贷款、原料订单、生产线标识、库存产品及原料、厂房、现金、应收账款、生产线净值、产品生产资格、市场准入、ISO 认证等）。

（7）本规则解释权归大赛裁判组。

参考文献

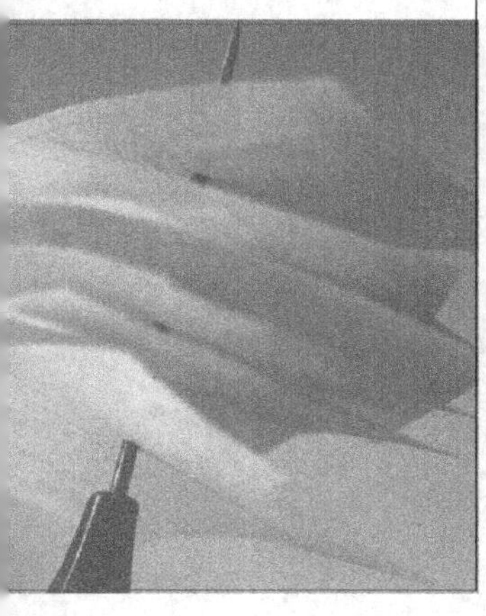

[1] 何晓岚、金晖. 商战实践平台指导教程. 北京：清华大学出版社，2012.

[2] 王新玲．ERP 沙盘模拟高级指导教程（第 3 版）．北京：清华大学出版社，2014.

[3] 刘平．ERP 沙盘实训手册．北京：清华大学出版社，2011.

[4] 邹德平等．ERP 沙盘模拟．北京：清华大学出版社，2011.

[5] 喻竹等，电子沙盘应用教程（新道新商战），北京：高等教育出版社，2016.